SeaEagle

SeaEagle

SeaEagle

SeaEagle

為什麼會出錯的事情總會出錯？

·墨·菲·定·律·

20世紀
西方文化三大發現
Murphy's
Law
Anything that can go wrong
will go wrong

為什麼吐司落地的時候
永遠是抹奶油的一面著地

讀懂了墨菲定律，你就讀懂了生活的真相！
從被發現的那天開始，它就被證明是對事情出錯的最好解釋！

陳立之/著

引言：二十世紀西方文化三大發現

二十世紀是一個經濟快速發展、科技不斷進步、思想文化躍升的時代，人類在各個領域獲得前所未有的突破性進展，探索範圍之廣袤，發現真相之幽微，發明成果之豐盛，遠非以前任何一個時代可以比擬。

在文化領域中，可以稱得上世紀性的發現是什麼？是深埋於地下的遠古文明的重見天日？是始終難見「廬山真面目」的外星人在地球上留下的神秘印跡？是突然之間出現的某門高深莫測、天馬行空、玄而又玄的奇談玄學？

答案出乎你的想像！它們不是遠古文明，也不是外星文明，更不是神奇玄學，而是幾個看似非常平凡但是威力巨大的定律和原理。

它們就是墨菲定律、帕金森定律、彼得原理，三者並稱為「二十世紀西方文化三大發現」。

墨菲定律指出：可能出錯的，終究會出錯。墨菲定律觸及每個人人性深處存在的隱痛，將人們不願意面對的事實曝光於大眾之下。它忠告人們：面對人類的自身缺陷，我們最好還是想得更周到和全面，採取許多預防和保險措施，防止偶然發生的人為失誤導致的災難和損失。「錯誤」與我們一樣，都是這個世界的一部分，狂妄自大只會使我們自討苦吃，畏懼失誤讓我們無法突破自我而獲得新生，我們必須學會如何接受錯誤，並且不斷從中學習成功的經驗。

帕金森定律告訴我們一個道理：不稱職的行政官員如果佔據領導職位，龐雜的機構和過多的冗員就不可避免，庸人佔據高位的現象也不可避免，行政管理系統就會形成惡性膨脹，陷入難以自拔的泥潭。帕金森定律是對官僚機構流弊的辛辣針砭，在人類歷史上，它對由於行政權力擴張引發人浮於事和效率低下的「官場傳染病」，做出大膽和無情的揭露和抨擊。帕金森定律是官僚主義或是官僚主義現象的一種別稱，經常被人們轉載傳誦，用來解釋各種各樣的「官場病」。

彼得原理揭示長久以來存在於組織中被人們漠視的人員任用的陷阱，發掘組織中管理混亂、庸人當道、人浮於事的深層根源。彼得原理警示我們：將一個員工晉升到一個無法發揮才華的職位，不僅不是對他的獎勵，反而使其無法發揮才華，也給組織帶來損失。勞倫斯・彼得對彼得原理的詮釋，成為二十世紀以來最具洞察力的社會和心理領域的創見。

墨菲定律、帕金森定律、彼得原理的發現和提出，在人類歷史上具有開創性的意義，是人類文化史上的三座醒目的里程碑。**它們揭示人們思想認識上的盲點，為人們戰勝自己和挫折指明路徑，點破東西方各界、各行、各級行政組織和企業管理中沿襲已久而根深蒂固的效率低下的弊病，為組織醫治人事頑症和改革工作局面開出秘方。**如今，三大定律經過人們的發揚光大，越來越顯示其強大效力，許多人借助它們改變自己的命運，許多組織和公司應用它們走出困境和煥發活力，呈現欣欣向榮的輝煌景象。

三大定律是發現者獻給二十世紀的厚禮，對於當時和現下都有重要的警示、借鑑、指導意義。重新認識和瞭解三大定律，不僅是時代的需要，也是走向成功的必修課。有鑑於此，我們邀請學者廣採博集、詳盡考證、精心撰寫，同時結合現實和時代發展趨勢，將每個定律編撰成書，全面解讀每個定律以及與其息息相關的其他定律的內涵、現實指導意義、運用方法。本套叢書內容豐富、解讀精闢、觀點新穎，是讀懂三大定律的理想讀本。

此次，我們將三大定律合集，冠名「二十世紀西方文化三大發現系列」出版，期望可以給讀者認識、瞭解、掌握、應用它們提供一把方便入門的鑰匙，由此登堂入室，領悟三大定律的真諦，進而有所體會和收穫，藉此澄清思想和認識上的誤解，突破生活、人際、學習、工作、事業等方面的困境，為人生注入新鮮血液和強勁動力，開創嶄新廣闊的人生格局！

·墨·菲·定·律·

前言：破解「越是擔心，越有可能發生」的魔咒

墨菲定律來自於一個偶然的實驗：一九四九年，美國愛德華茲空軍基地的上尉工程師參加美國空軍進行的ＭＸ９８１實驗。在實驗過程中，他發現竟然有人有條不紊地將十六個加速度計全部裝在錯誤的位置。

墨菲由此受到啟發，結合平時的觀察研究，他提出著名的論斷：如果一件事情有可能出錯，就一定會出錯。在一次記者招待會上，墨菲的長官斯塔普將其稱為「墨菲定律」，並且以極為簡潔的方式做出重新表述：凡事只要有可能出錯，就一定會出錯。從此，墨菲定律在美國科技界不脛而走，並且迅速流傳，擴散到世界各地，進而演變為各種各樣的形式。

墨菲定律最簡單的表述是：越害怕出事，越會出事。如果有兩種或是以上選擇，其中一種會導致災難，必定有人會做出這種選擇，其核心內容是：如果壞事情有可能發生，不管這種可能性有多少，它必定會發生。

墨菲定律是日常生活中普遍存在的心理學效應，和帕金森定律以及彼得原理並稱為「二十世紀西方文

化三大發現」。

墨菲定律揭示的不是個別的案例，而是生活中普遍存在的現象。只要我們注意觀察，隨時隨地可以發現墨菲定律的影子——

排隊的時候，自己排的隊伍總是最慢。

急著過馬路的時候，總是亮起紅燈。

燒火的時候，煙總是往自己站的方向飄。

越害怕出錯的事情，越容易出錯。

……

「福無雙至，禍不單行」「人生不如意事，十之八九」「怕什麼來什麼」「倒楣的時候，喝水也會嗆到」，說的也是這個道理。

墨菲定律揭示一種獨特的社會和自然現象，自從被發現的那天開始，就被證明是對事情出錯的最好解釋。它告訴我們，容易犯錯是人類與生俱來的弱點，無論科技多麼發達，錯誤都會發生，而且我們解決問題的手段越高明，面臨的麻煩越嚴重。

墨菲定律問世以後，就像一個神秘的幽靈，讓人們心神不寧，產生一種如履薄冰的感覺，不知道問

·墨·菲·定·律·

題和事故什麼時候會突然降臨。為什麼越害怕的事情越容易發生？如果我們不斷思考負面資訊，產生的這種頻率會傳遞給大腦，讓自己心神不寧，潛意識會向壞結果靠攏，導致許多連鎖反應，壞事情就有可能發生。墨菲定律就是這樣捉弄人們，讓人們啼笑皆非，無可奈何。

墨菲定律有什麼樣的魔力？它是如何影響我們的生活、情感、工作？有沒有破解和應對的策略和途徑？本書透過許多生動的現象描述和心理剖析，揭示墨菲定律發生作用的內外條件和根源所在，揭開墨菲定律的神秘面紗，還原其本來面目。對墨菲定律的各種變體和衍生定律以及與墨菲定律有關的定律和法則，本書一併予以收錄，並且進行詳盡的解析和點評。全書有案例講解，也有觀點剖析，更有方法解析，具有現實警示和指導意義，可以讓我們在閱讀中多一分清醒和智慧，也可以讓我們提升自己對假象和錯誤的警覺性和免疫力，讓墨菲定律成為自己的思想磨刀石和行為指南針。

墨菲定律是一種客觀存在，弱者把它作為失敗的藉口，強者把它作為生活的警鐘。墨菲定律不可怕，只要我們加以理解，就可以戰勝它帶來的負面影響，始終保持快樂的心態，擁有成功的人生！

目錄

第三章 瓦倫達效應：不希望一定成功，結果往往成功

第四章 羅伯特定律：沒有人可以打敗你，除了你自己

一第五章一
淬火效應：玉不琢不成器，劍不磨不鋒利

·墨·菲·定·律·

一第十章一
光環效應：擦亮眼睛，切忌「愛屋及烏」

·墨·菲·定·律·

一第十五章一 溫水煮青蛙效應：居安思危，危機變契機

第一章

墨菲定律：可能出錯的，終究會出錯

墨菲定律是美國工程師愛德華・墨菲提出的：如果壞事情有可能發生，不管這種可能性有多少，它必定會發生，並且引起最大可能的損失。

墨菲定律不是一種強調人為錯誤的機率性定律，而是闡述一種偶然中的必然性。它告訴我們，錯誤雖然是世界的一部分，我們只能接受與錯誤共生的命運，但是只要我們可以正視錯誤，從錯誤中汲取經驗和吸取教訓，就可以獲得成功。

·墨·菲·定·律·

直覺魔咒：怕什麼來什麼

在我們的日常生活中，墨菲定律的身影隨處可見。

例如：在交際中，越是討厭某個人，越有可能遇到他；把一片塗上果醬的吐司掉在地毯上，結果往往與自己祈禱的相反——總是有果醬的那面朝下；在街上準備搭乘計程車去赴約，卻發現所有計程車不是有客人就是不理睬，不需要搭乘計程車的時候，卻發現很多沒有客人的計程車在附近閒晃……

只要細心觀察，很多事情和墨菲定律有密不可分的關聯。

心理學家和社會學家經過研究證實，墨菲定律揭示的現象和人類的直覺往往如出一轍。「這件事情十有八九會出錯」「感覺上有什麼不對勁」……結果不幸被言中，事情經常如同我們直覺預測的一樣。

一九八三年九月，洛杉磯的蓋蒂博物館得知，一位藝術品經紀人手上有一座大理石「青年雕像」，這座雕像據說出土於希臘，創作於西元前六世紀，保存得非常好，可謂稀世珍寶。

但是博物館的工作人員面臨一個問題：這座雕像是真是假？博物館聘請專家進行非常謹慎的調查工作，並且聘請地質學家使用高科技技術檢驗石材的年代。

經過十四個月的調查以後，博物館沒有找到證據可以證明雕像是贗品，因此高價購入。雕像入駐博物館以後，許多世界頂級的古文物專家慕名前來參觀，但是看到這座雕像以後，他們認為不是真品。這些專家沒有進行詳細檢驗，只是在看到這座雕像的時候，感覺有些不對勁，但是不知道什麼地方不對勁。

一位古希臘雕塑專家說，自己看到雕像的感覺是：「它很新鮮，完全不像埋在地下幾千年。」一位博物館館長說：「這座雕像好像從未埋在地下，很奇怪。」博物館面對眾多專家的懷疑也動搖了，又聘請專家進行深入調查並且翻閱相關文獻，結果發現這些專家的「感覺不對」是正確的。

那些專家的直覺，充分驗證「墨菲定律」——凡事只要有可能出錯，就一定會出錯，在技術上無法分辨真品和贗品，在感覺上卻可以分辨。所以，在日常生活和工作中，我們的感覺是靈敏的，而且有時候是正確的。我們要相信自己的直覺，做好準備，只有這樣，才可以防止錯誤和損失的發生。

不怕犯錯，跳出完美主義的陷阱

無論我們多麼聰明，也無法保證自己不會犯錯，把所有事情做到完美無缺。容易犯錯是人類與生俱來的弱點，這也是墨菲定律一個重要的表現。

在生活中，很多人追求完美，害怕犯錯，為了追求完美而走火入魔。完美主義到達一種極端的狀態是非常可怕的：任何東西不能有任何瑕疵，必須要完美無缺。

完美主義的問題正是在於「恐懼缺憾」，害怕令人失望進而避免感到內疚，因此也是一種心理疾病。

瑪麗是一個追求完美主義的人：工作表現優異，一路高升；與主管和部屬相處融洽，在人事關係中遊刃有餘；生活中的所有事情，都會做出合理安排，不出差錯；一直保持苗條身材，體重上下幅度精確到〇．五公斤……

可是她在準備與別人約會的時候卻出現問題，花費兩個多小時去設計髮型、精心化妝、挑選衣服，卻還是覺得不滿意，最後沮喪地取消約會。

像瑪麗這樣，就是屬於典型的心理疾病。耶魯大學心理學教授高蘭・沙哈說：「這是一種『流行病』，我們所處的社會對人們提出的要求就是：不斷做出成績。」即使這些完美主義者最終順利完成事情，還是不會快樂，他們更在意的是：「那又怎麼樣？」「接下來的事情可以完成嗎？」他們總是對自己提出許多要求，久而久之，就會積鬱成疾。

不管對人還是對事，完美主義者都是最高標準和嚴格要求，力求盡善盡美。心理學將完美主義者分為三種類型：

一、「要求別人」型，為別人設下最高標準，不允許別人犯錯，這種人的人際關係糟糕，婚姻經常會遭遇失敗。

二、「要求自我」型，給自己設下最高標準，追求完美的動力完全是出於自己，這種人容易陷入自我批判和情緒沮喪之中。

三、「被人要求」型，總是感覺別人對自己有更高的期望，於是為之不斷努力，這種人容易陷入憂鬱，甚至會產生自殺的想法。

墨菲定律

心理學家的治療方法之一，是讓患者換一種思路，也就是：嘗試不完美。例如：有一位女性，總是苛求自己在工作中做得更好，於是心理學家告訴她，每天工作的時間不要超過下午五點，以前她會一直工作到晚上七點，不必每天在家裡自己做飯，有時候可以在外面吃晚餐。慢慢地，她就會有所改變。

在這個世界上，沒有人可以做到完美。我們最多可以做到接近完美，或是更接近完美。生活就是這樣，不可能一帆風順，不要害怕犯錯而追求完美，我們要追求的是適應生活的能力。我們無法祈求上天給自己完美的生活，但是我們可以依靠自己減少失誤，讓自己的生活趨於完美。

歐洲文藝復興時期的先驅但丁說：「盡心就是完美。」做任何事情的時候，只要抱持「沒有最好，但是有更好」的態度，用心去做就可以。對於那些錯誤和缺憾，只要把它們當作教訓，引以為戒，並且以此來激發自己的行動，完全不必把它們放在心上。

想要打中，先要有打不中的準備

在生活和工作中，出現錯誤和遭遇失敗在所難免。

想要取得成功，我們不能存有僥倖心理，想盡辦法迴避錯誤，而是要正視錯誤，從錯誤中汲取經驗和吸取教訓，讓錯誤成為自己成功的墊腳石。

關於這一點，丹麥物理學家雅各・博爾就是最好的證明。

有一次，雅各・博爾打碎一個花瓶，但是他沒有像一般人那樣悲傷嘆惋，而是俯身精心地收集滿地的碎片。

他把這些碎片按照大小分類秤出重量，結果發現：十～一百克的最少，一～十克的稍多，〇・一克和〇・一克以下的最多。同時，這些碎片的重量之間表現為統一的倍數關係：較大塊的重量是次大塊重量的十六倍，次大塊的重量是小塊重量的十六倍，小塊的重量是小碎片重量的十六倍……

於是，他開始利用這個「碎花瓶理論」來恢復文物和隕石等不知道其原貌的物體，給考古學和天體研究帶來意想不到的作用。

事實上，我們主要是從嘗試和失敗中學習，而不是從正確中學習。例如：超級油輪卡迪茲號在法國西北部的布列塔尼沿岸爆炸以後，成千上萬噸的石油汙染海面及沿岸，石油公司才對石油運輸的安全設施重新考慮。

可見，錯誤具有衝擊性，可以引導人們想出更多細節上的事情，只有多犯錯，人們才會進步。假如工作的例行性很高，可能很少犯錯，如果從未做過此事，或是正在進行嘗試，出現錯誤在所難免。發明家不會被錯誤擊倒，而是會從中得到創意。在創意萌芽階段，錯誤是創造性思考必要的副產品。正如棒球選手雅澤姆斯基所言：「想要打中，先要有打不中的準備。」

現實生活中，出現錯誤的時候，我們一般的反應是：「真是的，又錯了，真是倒楣啊！」這就是因為我們以為自己可以逃避「倒楣」和「失敗」，總是對自己心存僥倖。殊不知，錯誤的潛在價值對創造性思考具有重要的作用。

人類社會的發明史上，充滿利用錯誤假設和失敗觀念來產生創意的人。哥倫布以為自己發現一條到印度的捷徑，結果卻發現新大陸；克卜勒得到行星之間引力的概念，卻是由錯誤的理由得到的；愛迪生知道上萬種不能做燈絲的材料以後，最後找到鎢絲……

所以，想要迎接成功，就要放下僥倖心理，加強「冒險」力量。遭遇失敗，從中汲取經驗，嘗試尋找新的思路和方法。

迷路不可怕，可怕的是：沒有探路的心

有一個年輕人，很小的時候就有一個夢想，希望自己可以成為一位出色的賽車手。後來，他參加威斯康辛州的賽車比賽。賽程進行到一半的時候，他的賽車名列第三，很有希望獲得佳績。

突然，他前面的兩輛賽車相撞，他迅速轉動方向盤，試圖避開他們，但是因為車速太快沒有成功。他撞到車道旁邊的牆壁上，被救出來的時候，手已經燒焦，鼻子也不在了。儘管他的性命保住了，可是他的手像雞爪一樣。醫生告訴他：「以後，你再也不能開車。」但是他沒有灰心絕望。為了實現那個夢想，他決定再次付出努力。他接受許多植皮手術，不停地練習雙手的靈活性。他始終堅信自己的能力，並且繼續練習賽車。

九個月之後，他重返賽場，取得第二名的成績。又過了兩個月，他贏得兩百五十英里比賽的冠軍。他就是美國最具傳奇色彩的偉大賽車手——吉米・哈里波斯。

第一次以冠軍的姿態面對熱情而瘋狂的觀眾，他流下激動的眼淚。記者問他：「在遭受那次沉重打擊之後，是什麼力量使你重新振作起來？」

他拿著一張比賽的圖片，在圖片上寫下一句話：把失敗寫在背面，我相信自己一定可以成功！

巨大的挫折可能會改變我們的生命軌跡，阻礙我們去奮鬥和成功。但是吉米堅持自己的夢想，用許多失敗激勵自己不要放棄。他相信，失敗是成功的背面，有一天自己可以把它翻過來。我們不要害怕失敗，我們有能力把失敗的背面翻過來，然後看見成功。

沒有天生的失敗者，也沒有天生的成功者。成功者可以獲得成功，是因為對所有事物充滿好奇，不斷嘗試失敗和錯誤，不斷超越它們，直至獲得成功。

疑問是打開知識大門的鑰匙，錯誤是正確的先導，失敗是通往成功的階梯。**提出正確的問題，往往等於解決問題的大半。**正視錯誤，才可以改正錯誤；不怕失敗，才可以化失敗為成功。

迷路不可怕，可怕的是：沒有探路的心。失敗不可怕，只要有一顆不服輸的心，勇往直前，成功就不會距離我們太遠。只要厄運打不垮信念，希望之光就會驅散絕望之雲。

錯誤是進步之父，失敗為成功之母

失敗者與成功者的區別，不是在於他們失敗的次數多寡，而是在於他們對待失敗所表現出來的態度和作為。

美國考皮爾公司前總裁比倫提出：失敗也是一種機會。如果你在一年之中沒有失敗的經歷，就不會有勇於嘗試各種應該把握的機會。

全球知名的寶潔公司有一個規定：如果員工三個月沒有犯錯，就會被視為不合格員工。對此，董事長的解釋是：只有什麼也沒有做的員工，才不會犯錯。

偉大的成功，總是伴隨偉大的失敗。從經驗中學習，也表示從錯誤中學習。因為如果沒有前面的失敗，怎麼會有後面的成功。

海明威說：「一個人可以被摧毀，但是不能被打敗。」不要因為失敗而放棄原本決定達到的目標，也不要因為成功而沾沾自喜，裹足不前。不要害怕失敗，把失敗當作一筆財富，累積越多，成功越有價值。

成功沒有法則可以依循，但是我們可以從失敗中學到許多事情。例如：沙克博士發明對抗小兒痲痺的沙克疫苗，現在其建立的沙克生物研究中心致力於研究愛滋病病毒疫苗，他說自己百分之九十八的時間是用來記錄失敗的實驗。

必勝客的創始人卡尼也承認，必勝客的成功要歸因於自己從錯誤中學到經驗。在奧克拉荷馬的分店失敗以後，他瞭解店面裝潢的重要性；在紐約的銷售失敗以後，他研發另一種硬皮的披薩。地方風味的披薩在市場出現以後，他又向民眾介紹芝加哥風味的披薩。

汽車大王亨利・福特成功之前，因為經商失敗而破產，但是他說：「其實，失敗只是提供更明智的起步機會。」失敗只是讓我們有更聰明的開始而已。

美國管理學家彼得・杜拉克認為：無論是誰，做什麼工作，都是在嘗試錯誤中學會的，經歷的錯誤越多，人們越可以進步，因為可以從中學到許多經驗。他甚至認為，沒有犯過錯的人，絕對不能將他升為主管。一位日本企業家也說：「很多人想要獲得成功，可是我認為，只有經過反覆的失敗和檢討，才可以獲得成功。」實際上，成功只是代表自己努力的一%，只是另外九九%的被稱為失敗的東西的結晶，偉大的失敗與出色的成功一樣有價值。

松下幸之助有一句名言：「每一次失敗，都是我彌補某種不足的一次機會。」失敗一次，就會距離成功更近一些。

發明大王愛迪生說：「我不會沮喪，因為每次錯誤的嘗試，都會把我往前推進一步。」他不知道什麼是正確的時候，至少已經知道什麼是錯誤的。

在我們的人生旅途中，機會無處不在，也是稍縱即逝。這樣一來，就要求我們具備嘗試精神。即使最後證明自己是錯的，也不會感到後悔。因為我們曾經把握機會，而且知道之前的方式是錯誤的。

自省是治癒錯誤的一劑良藥

自省，簡而言之就是自我反省，自我檢查，以便「自知己短」，進而彌補短處，改正錯誤。

力求上進的人都是重視自省的，因為他們知道，自省是認識自己、改正錯誤、提升自己的有效途徑，自省可以使人格趨於完善，讓自己走向成熟。孔子的學生曾參說，每天反覆檢查自己：替別人做事有未曾盡心竭力之處嗎？與朋友交往有未能誠實相待之時嗎？對老師傳授的學業有尚未認真復習的部分嗎？他就是這樣每天自省，繼續發揚長處，及時改正短處，最終成為學識淵博、品格高尚的賢人。

自省是完善道德的重要方法，也是治癒錯誤的一劑良藥，可以給自己的心靈帶來一縷光芒。我們迷路的時候，我們掉進罪惡陷阱的時候，我們的靈魂遭到扭曲的時候，我們自以為是而沾沾自喜的時候，自省就像一道清泉，把思想中的淺薄、浮躁、消沉、陰險、自滿、狂傲等汙垢滌蕩乾淨，重現清新、昂揚、雄渾、高雅的旋律，讓生命綻放異彩。

自省的主要目的是：找出錯誤並且及時改正，所以不可以陶醉於成績，更不可以文過飾非。

「靜坐常思己過」，以安靜的心境自查自省，才可以克服意氣情感的干擾，發現自己的本來面目，找出平時自以為是的錯誤。

只有善於發現並且敢於承認自己的錯誤，才可以改正錯誤。我們經常無法看到自己的缺點，很多缺點都是透過別人指出才會發現。這樣一來，就要求我們有一顆平常心，以對待別人善意的規勸和指責，反省自己的過失。俗話說：「忠言逆耳利於行」，那些逆耳忠言經常可以照亮我們不容易察覺的另一面。

自省是做人的責任，只有透過自我反省，才可以發現自身的缺點和錯誤，進而改正缺點和錯誤，實現人格的昇華。

自省是一次自我解剖的痛苦過程，就像一個人拿刀割掉身上的毒瘤，需要很大的勇氣。發現自己的錯誤不困難，但是要用一顆坦誠的心去面對它，卻不是一件容易的事情。懂得自省，是大智；敢於自省，是大勇。割掉毒瘤，可能會感到疼痛，可能會留下疤痕，卻是根除病毒的唯一方法。只要「坦蕩胸懷對日月」，心地光明磊落，自省的勇氣就會倍增。古人云：「君子之過也，如日月之食焉：過也，人皆見之；更也，人皆仰之。」這句話的意思是：君子的過失就像日食和月食，每個人都看得見，但是改正之後，會得到人們更崇高的尊敬。

第二章

特里法則：承認錯誤比拒絕錯誤更偉大

「特里法則」是美國田納西銀行前總經理特里提出的，它的意思是：承認錯誤是一個人最大的力量泉源，因為正視錯誤的人會得到錯誤以外的東西。

「特里法則」告訴我們，錯誤雖然是世界的一部分，我們只能接受與錯誤共生的命運，但是只要我們可以正視錯誤，從錯誤中汲取經驗和吸取教訓，就可以獲得成功。

正視錯誤：進步的力量泉源和基礎

「特里法則」主要講述兩個含義：一是「承認錯誤是一個人最大的力量泉源」，二是「正視錯誤的人會得到錯誤以外的東西」，核心意義就是敢於認錯本身具有巨大價值。

主要從以下幾個方面來理解：

第一，以端正態度來面對錯誤並且努力改正，是人類不斷進步的力量泉源和基礎。

人類的進步就是在不斷改正錯誤中而獲得，進步的動力也是在不斷改正錯誤中而獲得。所以，只有態度端正的人才可以總結經驗和教訓，才可以改正錯誤，重新邁向成功之路。

第二，努力克服人性弱點，正確認識承認錯誤與丟臉之間的關係。

有些人總是以為承認自己犯錯是一件丟臉的事情，然而事實並非如此。如果可以坦誠面對和承認自己的錯誤，不僅可以彌補錯誤帶來的不良後果，而且可以加深別人對自己的良好印象，進而原諒自己的錯誤。

第三，敢於承認錯誤是避免再次犯錯的重要前提。

不敢承認錯誤的結果，就是想盡辦法掩飾錯誤，以後遇到同樣的問題，還是像以前一樣犯錯，最後導致不斷地犯錯。

第四，把握每次犯錯的機會，認真總結，不再犯重複性錯誤。

犯錯也是學習的機會，只是反面教材而已。所謂的天才，不是不會犯錯，而是不會犯同樣的錯。古人說的「不貳過」就是如此，不犯同樣的錯就是聖人。

「特里法則」啟示我們：錯誤不可避免，越是迴避錯誤，越容易犯錯。勇於面對錯誤，才是我們應該有的正確態度。接受錯誤，可以讓我們從錯誤中吸取教訓，變得更成熟，進而少犯錯，更快地走向成功。

改正錯誤，是走向正確的第一步

歌德曾經說：「最大的幸福在於：我們的缺點得到改正，以及我們的錯誤得到補救。」問題發生的時候，應該尋找解決方法，而不是推卸責任。改正錯誤是走向正確的第一步，如果遮掩和迴避錯誤，只會帶來更多的損失。正視錯誤，往往會得到錯誤以外的東西。

我們不是神，都有自己的缺點，難免會犯一些錯。我們犯錯的時候，經常會產生隱瞞錯誤的想法，覺得承認之後非常丟臉。其實，承認錯誤不是一件丟臉的事情。反之，在某種意義上，它是一種具有「英雄色彩」的行為。

因為自己越快承認錯誤，越容易得到改正和補救。而且，自己主動承認錯誤比別人提出批評以後再承認錯誤，更可以得到別人的諒解。更何況，一次錯誤不會毀掉自己今後的道路，真正阻礙自己的是不願意承擔責任和改正錯誤的態度。

新墨西哥州的布魯士・哈威，錯誤地核准付給一位請病假的員工全薪。他發現這個錯誤之後就告訴這位員工，並且說必須改正這個錯誤，要在下個月的薪水中扣回多付的薪水。這位員工說，這樣做會給自己帶來嚴重的財務問題，因此請求分期扣回多領的薪水。但是這樣一來，哈威必須先獲得老闆的同意。「我知道這樣做，」哈威說，「一定會讓老闆非常生氣。在我考慮如何以更好的方式來處理這種狀況的時候，我瞭解到所有的混亂都是我的錯誤，我必須在老闆面前承認。」

於是，哈威找到老闆，敘述詳情並且承認錯誤。老闆聽了以後大發脾氣，先是指責人事部門和會計部門的疏忽，後來又責怪辦公室的另外兩個同事。這段期間，哈威反覆解釋，這是自己的錯誤，不關別人的事情。最後，老闆對他說：「好吧，這是你的錯誤，現在把這個問題解決吧！」這個錯誤改正過來，沒有給任何人帶來麻煩。自此以後，老闆更看重哈威。

勇於承認錯誤，使哈威獲得老闆的信任。其實，一個人有勇氣承認自己的錯誤，可以使自己在良心層面如釋重負，並且盡早解決這個錯誤帶來的問題。

知錯能改：對自己狠一點，距離成功更近一些

人非聖賢，孰能無過；知錯能改，善莫大焉。犯錯以後，如果可以及時悔悟和改正，對自己今後的發展會產生很大的作用。

《世說新語》中，有一個關於周處的故事：

周處年輕的時候，為人蠻橫強悍，任俠意氣，是當地一個禍害。義興的河中有一條蛟龍，山上有一隻白額虎，經常禍害百姓。義興的百姓稱他們是三大禍害，三害之中，又以周處為首。有人勸說周處去殺死猛虎和蛟龍，實際上是希望三個禍害相互拼殺以後，只剩下一個。周處立刻殺死猛虎，又下河斬殺蛟龍。蛟龍在水裡有時候浮起有時候沉沒，漂游幾十里遠，周處一直與蛟龍搏鬥。

過了三天三夜，當地的百姓認為周處已經死了，輪流對此表示慶賀。結果，周處殺死蛟龍從水中出

來。他聽說百姓以為自己已經死了而對此慶賀的事情，才知道百姓也把自己當作一個禍害，於是有悔改的心意。

他到吳郡去找陸機和陸雲兩位有修養的名人。當時陸機不在，只見到陸雲，他把全部情況告訴陸雲，並且說：「我想要改正錯誤，可是歲月已經荒廢了，害怕最後沒有什麼成就。」陸雲說：「古人珍視道義，認為『即使是早上明白道理，晚上就死去也甘心』，而且你的前途還是很有希望。再說，只怕自己無法立下志向，何必擔憂自己的名聲無法傳揚？」

周處聽了以後，立刻改過自新，最後成為一位忠臣。

周處可以改過自新，對他今後的發展產生很大的作用。「金無足赤，人無完人」，每個人都會犯錯，犯錯以後首要任務不是隱瞞，因為紙包不住火，遲早會被人知道，關鍵是要找到原因。

犯錯不可怕，可怕的是：犯錯以後不敢承認錯誤，尋找藉口掩飾錯誤。只有勇於承認錯誤，才可以降低自己的心理壓力。犯錯難免，只要立刻承認錯誤，然後果斷改正，就可以獲得不斷的進步。如果沒有及時地承認錯誤，最後吃虧的還是自己，會在錯誤的道路上不斷地跌倒，跌得頭破血流。

以錯誤為師，化錯誤為成長的契機

犯錯不可怕，關鍵在於用什麼心態去對待錯誤。想要成為一個優秀的人，就要勇於承認錯誤，如果可以做到這一點，就可以贏得別人的信任。

對於組織或是企業而言也是如此，承認錯誤和失敗，可以避免更大的市場損失，可以重新調整自己的市場策略，可以重新取得稱霸市場的機會。

看看那些百年企業的發展歷史，它們都經歷許多失敗，重要的是：它們可以從失敗中站起來。二〇〇一年，沃爾瑪首次名列世界五百大企業榜首。但是根據德國《商報》二〇〇二年三月報導，這個世界最大的連鎖商進入德國市場四年以來連嘗敗績，不僅損失超過一億美元，而且在財務上躲藏遮掩的做法，無法通過德國法律這一關，必須對外公布二〇〇〇年和二〇〇一年的財務狀況。沃爾瑪在德國擁有十七萬個員工，設立九十五家分店，但是它沒有因為在德國受到挫折而灰心喪氣，而是勇敢承認錯誤，採取整頓措施，在德國市場上繼續奮鬥，後來終於取得成功。

不是失敗以後就無法成功，正是因為勇於承認錯誤，那些企業才可以歷經百年而不衰。**達爾文曾經說：「任何改正都是進步。」**敢於承認錯誤，並且吸取教訓，才可以用嶄新的面貌去迎接更激烈的競爭和挑戰！

敢作敢當，承擔責任

許多領導者把承認錯誤視為弱點的象徵、失敗的承認、錯誤的暴露，認為承認錯誤會使自己難堪，擔心承認錯誤會使自己失去威信。因為顧及面子，他們經常會採取隱瞞的錯誤做法，但是這個錯誤會影響到公司的發展。

其實，對於領導者來說，只有承認自己的錯誤，才可以察覺到這個錯誤帶來的影響，才可以承擔自己應該負起的責任。

勇於承認錯誤，不僅有益於完善領導者的心靈，這種勇氣也會使領導者受到員工的尊重，勇於承認錯誤才是明智的選擇。

在營救駐伊朗的美國大使館人質的作戰計畫失敗以後，當時的美國總統吉米·卡特在電視上鄭重聲明：「一切責任在我。」只是因為上述那句話，卡特總統的支持率上升一〇％以上。民眾對於領導者的評價，往往決定於他是否有責任感。主動道歉，勇於承擔責任，不僅使卡特獲得民眾的諒解，也會讓民眾對他更敬重。

卡特總統的例子說明：下屬對於主管的評價，往往取決於他是否有責任感。勇於承擔責任，不僅可以使下屬有安全感，也可以使下屬進行反省，反省以後會發現自己的缺點，進而在眾人面前主動道歉，並且承擔責任。

下屬最擔心的就是做錯事情，在這個時候，主管說一句「一切責任在我」，下屬會是何種心境？主管這樣做，表面上看是把責任攬在自己身上，使自己成為受譴責的對象，其實只是把下屬的責任提到自己身上，進而使問題更容易解決。假如你是一個中階主管，為自己的下屬承擔責任，你的主管是否也會反省，自己也有某些責任？如果公司裡上行下效，形成勇於承擔責任的風氣，就可以杜絕互相推諉的局面，使公司的凝聚力更強，進而更有競爭力。

下屬對於主管的評價，往往取決於他是否有責任感，是否勇於承擔責任。如果主管有這樣的品格，不僅可以使下屬有安全感，也可以使下屬進行反省，進而增強下屬的責任感。

每天進步一%，成功一〇〇%

前洛杉磯湖人隊的教練帕特・萊利在球隊最低潮的時候，告訴所有的球員：「今年，只要每個人比去年進步一%就可以，有沒有問題？」

球員回答：「進步一%？太容易了！」

於是，在罰球、助攻、搶籃板、抄截、投籃進步一%，最後湖人隊竟然獲得冠軍，而且是最容易的一次。

有人問帕特・萊利：「為什麼這麼容易獲得冠軍？」

帕特・萊利說：「每個人在五個方面進步一%，就是五%，十二個球員總共六〇%。一年進步六〇%的球隊，還不能獲得冠軍嗎？」

每天進步一%，就不必擔心自己不會快速成長。

在每天晚上睡覺以前進行自我分析：今天學到什麼？做錯什麼事情？做對什麼事情？假如明天要得到自己想要的結果，必須做哪些事情？

思考這些問題以後，就會比昨天進步一%。無止境的進步，就是自己的人生不斷卓越的基礎。

每天進步一%，一年就是三六五%，長期下來，就會有一個高品質的人生。

將這個信念用於自我成長上，就會有一百八十度的轉變，除非你不去做。

一第三章一

瓦倫達效應：不希望一定成功，結果往往成功

瓦倫達是美國一個著名的高空走鋼索的表演者，他在一次重要的表演中，不幸失足身亡，原因是他在上場以前不停地說：「這次很重要，不能失敗。」以前每次成功的表演，他只是想著走鋼索這件事情，不管這件事情可能帶來的一切。心理學家把這種為了達到某個目的而患得患失的心態命名為「瓦倫達心態」。

如果對成功與否過於患得患失，可能結果未必如自己所願。如果以平常心對待，不患得患失，反而更容易取得成功，這就是「瓦倫達效應」表達的內容。簡單來說就是：做事的時候要專注，摒棄外在和內在的干擾，才可以成功。

越害怕失敗，越容易失敗

瓦倫達以精彩而穩健的技術聞名於美國，他從來沒有發生事故，因此馬戲團這次要為重要來賓表演的時候，決定派他上場。瓦倫達知道這次表演的重要性：全場都是美國知名的人物，這次成功可以奠定自己在表演界的地位，也可以給馬戲團帶來前所未有的支持和利益。因此，他從前一天開始就認真練習，包括每個動作和細節。

表演開始了，這次他沒有用保險繩。因為許多年以來，他從來沒有出錯，他有一〇〇%的把握不會出錯。但是，意想不到的事情發生了，他走到鋼索中間，做出兩個難度不大的動作之後，就從十公尺高的空中摔下來，一命嗚呼。

事後，他的妻子說：「我知道這次一定會出事，因為他在上場以前不停地說：『這次很重要，不能失敗。』以前每次成功的表演，他只是想著走鋼索這件事情，不管這件事情可能帶來的一切。他想要獲得成功，不專注於事情本身，所以患得患失。如果他不思考走鋼索之外的事情，以他的經驗和技術是不會出事的。」

瓦倫達失足身亡，就是因為過於關注事情的結果，使自己的精神和注意力分散。正所謂：「越害怕失敗，越容易失敗。」

在現實生活中，很多人做事的時候總是想得太多，非常在意別人的閒言碎語，可是卻忽略事情本身。他們的大腦被各種欲望塞滿，身體被壓得氣喘吁吁，在這樣的負擔下，怎麼可能把事情做好？最後，他們總是偏離預定的軌道，距離成功越來越遠！

法拉第說：「拚命去追求成功，但是不希望一定會成功，結果往往會成功。」這就是成功的奧秘。

打敗內心的恐懼，不要被想像嚇倒

《不帶錢去旅行》的作者麥克・邁肯泰，本來只是一個平凡的上班族，在他三十七歲那年，他毅然決定放棄自己的工作，將自己身上僅有的三美元捐給街邊的流浪漢，只帶了換洗的衣服，從自己生活幾十年的加州出發，開始旅行，搭便車走遍美國。

然而，令人想像不到的是：他的這個決定，竟然是他在精神接近崩潰的時候做出的。

他這次去旅遊的地方，是美國東岸北卡羅萊納州的恐怖角。為什麼他會去那裡？這要從某個下午說起，他問自己一個問題：如果有人跟他說，如果他今天死了，會不會後悔？為此，他哭泣起來，然後停下來，肯定地說：「會！」以前的日子對他來說，是非常平淡的，沒有任何火花，甚至玩不起一場賭博。

他又想起以前的三十年，自己因為個性懦弱，本來有機會做的事情因為害怕而沒有做。他在腦海裡不停地回想，並且生氣地告訴自己：「沒有自己的想法，活著有什麼意義？」他不斷質疑自己的存在價值。

最終，他做出決定，那就是：一定要突破自己。因此，他為自己制定去傳說中的恐怖角的計畫。朋友們得知這個消息以後，開始嘲笑他：「你對自己有把握嗎？你會在路上遇到很多困難，你一定會退縮。」

但是他堅定地說自己不會退縮，他向自己保證。他以前從來沒有獨自完成一件事情，但是他成功了。他得到八十多個陌生人的幫助，最終完成四千多英里的路程，安全到達目的地。

他對在那裡等待的民眾說：「我沒有花錢就來到這裡，不是要證明金錢沒有用，而是要克服自己的恐懼。看著恐怖角的路標，我覺得恐怖角根本不恐怖。現在我終於明白，自己以前真的很懦弱。」

每個人都希望擁有豐富生活，但是有些人經常猶豫不決，考慮很多問題，最後只能停留在原地，後悔自己失去機會。

不要給自己太多的恐嚇，只有親身體驗，才會覺得原來不是自己想像的那麼困難。

擺脫恐懼的桎梏，以信心代替畏懼

恐懼是一種普遍存在的消極心理，經常壓迫我們。面對恐懼的時候，如果我們勇往直前，它就會立刻消失；如果我們害怕逃避，它就會不斷增長，直到完全控制我們的生活。

恐懼會摧殘人類的創造力，使人類的創造力趨於衰弱。從古至今，這個惡魔都是人類最可怕的敵人，也是人類文明事業的破壞者。

對於恐懼，愛默生曾經說：「它們征服那些認為它們有足夠力量征服的人。」

恐懼多半是心理作用。煩惱、緊張、困窘、恐慌，都是起因於消極的想像。只知道恐懼的病因無法消除恐懼，必須進行有效的治療。

首先，要有一個認識：信心是訓練出來的，不是天生就有的。我們認識的那些可以克服憂慮而充滿信心的人，全部是磨練出來的。

不祥預感和憂慮思想在自己心中發作的時候，不應該縱容它們發展，應該轉換自己的想法，想到各種與它們相反的方面上。如果我們害怕自己的事業會失敗，不應該想到自己是如何不堪重任，應該想到自己如何利用過去的經驗來應付現在的問題。

有一次，男高音歌唱家卡魯索對舞台產生恐懼。由於強烈的恐懼，他喉嚨的肌肉緊縮，無法發出任何聲音。

幾分鐘以後就要表演，他汗流滿面，極為羞愧，甚至因為恐懼和驚惶而渾身顫抖。

他說：「我不能唱歌了，他們會譏笑我。」於是，他不斷地對自己說：「我要唱歌了，我要唱歌了！」

他的潛意識開始發生反應，發揮自己內在的巨大能力。輪到他表演的時候，他走上舞台，唱出悅耳而和諧的歌聲，迷住所有的聽眾。

恐懼是信心的敵人，阻止人類向前邁進；恐懼會耗損精力，破壞身體器官的功能，抑制潛能；恐懼是一股強大的力量，會用各種方式阻止我們從生命中獲得自己想要的事物。

生命猶如無限豐富又深不可測的海洋，生活在這片海洋中，我們的潛意識對自己的想法極為敏感。如果可以應用心智的定律，以平和代替痛苦，以信心代替畏懼，以成功代替失敗，就可以得到更好的結果。

借助自我暗示，激發正能量

史丹佛大學的一項研究證實：人類大腦的某個圖像會像實際情況那樣，刺激人類的神經系統。例如：高爾夫球選手反覆告誡自己「不要把球打到水裡」，大腦就會出現「球掉進水裡」的畫面，這個時候揮桿，球大多會掉進水裡。這項研究從側面證實「瓦倫達效應」。

這是一種自我暗示的做法，可惜使用不合理。一般而言，暗示沒有選擇性，是潛意識對外界任何現象（包括聽到和看到的所有事物）以及任何顯意識行為（也就是思考）的接收和儲存。暗示不具有分辨力，無論有沒有反對的聲音存在，暗示都會產生效果。因此，反覆告誡自己「不要把球打到水裡」的時候，暗示已經產生作用，但是沒有價值判斷與選擇，也過濾副詞和動詞，剩下簡單的結果就是「球掉進水裡」的畫面。這種預想的結果，經常會引起緊張與不安，直接干擾注意力和思維，進而導致失敗。

自我暗示，可以分為積極的自我暗示和消極的自我暗示。積極的自我暗示，可以提升自己的信心，引導自己走向成功，給自己帶來好運；消極的自我暗示，對於自己的思維和心態，具有不同程度的妨礙和傷害，進而給生活和工作帶來許多痛苦。其實，大多數人從小開始就接受消極的自我暗示，只是不知道應該如何擺脫，才會使自己在潛意識中，不知不覺地主動接受這些暗示。

在潛移默化中，這些暗示就是日後生活中的「潛在殺手」，對自己的成長產生巨大影響。這些暗示會影響我們的行為模式，使自己在人際交往中受到挫折。這些留存下來的消極暗示，是否可以消除？答案是肯定的。只要透過適當的自我暗示，就可以走出消極暗示的陰影，改正錯誤的生活方式。

一個剛出道的女歌手，被邀請參加某次演唱會而事先進行試唱。在此之前，她曾經接到類似的邀請，但是她去試唱三次，結果都是因為緊張而被淘汰。儘管她的嗓音出眾，長相也很好，但是她覺得評審不喜歡自己，於是每次試唱的時候心情焦慮，不知道如何是好。她的潛意識接受這種消極的自我暗示，並且對她的試唱產生嚴重的影響，使她屢次遭受挫折。

後來，她聽從朋友的建議，來到一家心理診所，接受治療。在醫生的建議下，她開始運用自我暗示的方法，向恐懼發起攻擊。她把自己關在一個房間裡，坐在一個有扶手的椅子上，盡量放鬆心情，讓自己感到非常舒適，並且慢慢地閉上眼睛，均勻地呼吸，逐漸驅走頭腦中的雜念。這樣一來，她的意識性思維變得馴服，容易接受自我暗示。她對自己說：「其實，我唱得很好，我很有實力。我可以做到心平氣和，非常有自信。」按照醫生的建議，她每天重複做這樣的練習。一個星期以後，她就像變了一個人似的，不再

·墨·菲·定·律·

那麼焦慮和恐懼，而是沉著和冷靜。她不僅在以後的試唱中通過評審的考驗，而且演唱水準也大幅提高。

自我暗示的力量是無窮的，只要我們可以正確運用它，它就會為我們帶來幸福和快樂。

打破「瓦倫達效應」的訓練方法

「瓦倫達效應」說明：越是患得患失，越是害怕失敗，越有可能導致失敗。因此，只有以平靜淡定的心態面對一切，不關心失敗的後果，才可以消除緊張和恐懼，從容不迫地達成目標。

具體來說，可以從以下幾個方面做起：

一、專心致志

瓦倫達以前可以成功地走鋼索，與他的專心致志有關。專心致志，注意力就可以高度集中。這裡主要有以下幾個因素在產生作用：

（一）與瓦倫達的有意注意力強度有關。有意注意是一種主動服從於一定活動任務的注意，受到人類意識的控制和支配。瓦倫達這種有意注意力很強，不為其他因素所干擾，始終把注意力集中在走鋼索上。

（二）與走鋼索的生存刺激強度有關。一般來說，刺激物的強度越強，引起人們的注意也會越強。在沒有安全保護的情況下走鋼索，對自己的生存來說，是一個巨大的刺激，不容許任何鬆懈。因此，瓦倫達在這種情況下，其注意力活化了。

（三）與瓦倫達的注意穩定性有關。注意穩定性是指：在同一對象或是同一活動上，注意可以持續的時間。這個良好的注意穩定性，確保瓦倫達走鋼索這段時間的高效率。可以有如此良好的注意穩定性，與他對走鋼索這件事情抱持積極態度而且有濃厚興趣有關。

（四）與瓦倫達的體質和心情有關。如果他睡眠不好、心情不佳、感到疲倦，而且感冒和咳嗽，注意力無法集中，走鋼索就會很危險。可見，高度集中的注意力是「瓦倫達效應」產生的重要原因之一。

二、熟能生巧

在平地上，一般人都可以集中注意力，但是到高空的鋼索上，就會無法集中注意力，與一個人的技能有關。最重要的是兩種技能：一是平衡能力，一是注意分配能力。這些能力必須依靠後天的訓練，以致成為技巧，達到有意之後注意的程度，就可以減少注意的緊張性。

三、避免干擾

也就是與抗干擾能力的強度密切相關。如果在從事某個活動的時候，總是想著成功以後的喜悅與表揚，或是失敗以後的痛苦與冷眼，這個活動很難順利完成。

四、平常心

瓦倫達不會以此論英雄，也不想藉此揚美名，而是與平時那樣，有一顆平常心。至於財富和名氣，那是身外之事。把自己的內心放在平靜之中，才可以發揮最大的潛能。現實中的許多事物，充分證明這一點，只有擁有一顆平常心，才不會產生「瓦倫達效應」。

第四章

羅伯特定律：沒有人可以打敗你，除了你自己

「羅伯特定律」是美國學者卡維特・羅伯特提出的：沒有人因為倒下或是沮喪而失敗，只有不斷倒下或是沮喪才會失敗。這句話包含深刻寓意，那就是：你不打倒自己，就沒有人可以打倒你！放棄什麼都可以，就是不要放棄希望！

你不會失敗，除非自己認為失敗

我們在人生旅途中奮鬥，不輕易認輸，相信只要自己努力，就可以戰勝一切。但是有時候，面對惡劣環境，面對天災人禍，面對困難和挫折，是我們在心理上先否定自己，然後選擇放棄，選擇失敗。

「戰勝自己，我就是強者。」這句話的意思是：遇到挫折或是處於逆境的時候，應該頑強奮鬥，有戰勝困難的信心和勇氣。那樣的你，就是一個強者，一個任何人都無法打敗的強者。

古今中外，那些偉大的人物，誰不是對自己信心十足，具有頑強毅力？如果愛迪生因為失敗而灰心，可以成為舉世聞名的發明大王嗎？如果愛因斯坦因為別人的嘲笑而放棄自己的信念，可以成為諾貝爾物理學獎的得主嗎？

這個世界上，誰是真正可以打敗你的人？只有你自己。

面對困難，我們經常退縮，理由是壓力太大；面對競爭，我們經常逃避，理由是對手太強；面對責任，我們經常推卸，理由是負擔太重；面對坎坷，我們經常……生活給我們的很多，我們用以逃避的理由也很多。我們為什麼不敢正視這一切？因為我們無法戰勝自己內心的怯懦、擔憂、自卑、恐懼！

自己，往往是最可怕的對手。為了成功，我們必須戰勝自己，自己是通往成功的最後一道屏障。

古希臘有一位演說家，起初他由於口吃，經常被對手反駁得啞口無言，遭到別人的嘲笑。也許很多人會說，這是他的能力無法達到的，放棄才是明智的選擇。然而，他每天清晨堅持練習，經過不懈的努力，成為當時最著名的演說家。

由此可見：天生的缺陷和無情的嘲笑，不是阻礙自己成功的荊棘，只有為了安穩享樂，為了蠅頭小利，放棄堅持和奮鬥，才會讓自己永遠無法超越。

許多的成功者，都是對「戰勝自己」最完美的詮釋。如果你還在退縮，請立刻明白，戰勝自己是如何重要；如果你已經向自己挑戰，堅持下去，成功一定會敞開胸懷！

有很多事情會使我們痛苦：來自感情生活的挫折，來自理想追求的挫折，來自失去親人的挫折……無論是什麼事情引起痛苦，其共同的情緒體驗是：陷入情感上的衝突和憂慮而無法自拔。因此，想要消除痛苦的情緒，首先必須戰勝自己。學會安慰自己，對自己說：「陷入痛苦之中，對解決問題沒有任何幫助，反而會讓情緒更糟糕。」這樣一來，自己就可以重新振作起來。

·墨·菲·定·律·

記住：這個世界上，沒有人可以打敗你，除了你自己。要相信自己，勇於挑戰自己的弱點，戰勝自己性格上的懦弱，戰勝自己行動中的猶豫……戰勝自己，就是戰勝一切，成功指日可待。

可以輸給別人，不能輸給自己

莎士比亞曾經說：「假如我們將自己比作泥土，就要確實成為別人踐踏的東西。」其實，別人認為你是誰不重要，重要的是：你是否肯定自己；別人如何打敗你不重要，重要的是：你是否在別人打敗自己以前，已經輸給自己。很多人失敗，經常是輸給自己，而不是輸給別人。

有一次，美國從事個性分析的專家羅伯特·菲利普在辦公室接待一個因為公司倒閉而負債累累的流浪漢。羅伯特從頭到腳打量這個人：茫然的眼神、沮喪的皺紋、雜亂的鬍鬚、緊張的神態。羅伯特看著他，然後說：「雖然我沒有辦法幫助你，但是如果你願意，我可以介紹你去見一個人，他可以幫助你東山再起。」

羅伯特剛說完，這個人立刻跳起來，抓住羅伯特的手，然後說：「看在老天爺的份上，請帶我去見這個人。」

羅伯特帶他站在一塊看起來像是掛在門口的窗簾之前，然後把窗簾拉開，露出一面高大的鏡子，他可以從鏡子裡看到自己的身體。羅伯特指著鏡子說：「就是這個人。在這個世界上，只有這個人可以幫助你東山再起。你覺得自己失敗，是因為輸給外在環境或是別人嗎？不，你只是輸給自己。」

他朝著鏡子走幾步，用手摸著自己長滿鬍鬚的臉孔，對著鏡子裡的人從頭到腳打量幾分鐘，然後後退幾步，低下頭，哭泣起來。

幾天以後，羅伯特在街上遇到這個人。他不再是一個流浪漢，而是西裝革履，步伐輕快有力，原本那種衰老、不安、緊張的神態已經消失不見。

後來，這個人真的東山再起，成為芝加哥的富翁。

在生活的艱難跋涉中，我們要堅守一個信念：可以輸給別人，但是不能輸給自己。因為打敗你的不是外在環境，而是你自己。

因此，想要戰勝世界，首先要戰勝自己，因為最強大的敵人不是別人，而是自己。

成功，就是要戰勝自己

有一位哲人曾經這樣詮釋人生：「人們的一生，只有五％是精彩的，只有五％是痛苦的，另外的九〇％是平淡的。人們往往被五％的精彩誘惑，忍受五％的痛苦，在九〇％的平淡中度過。」

我們無法避免在追求成功的道路上遇到的困難與挫折，但是自己將這些困難與挫折當作痛苦去對待，疲勞就會糾纏自己，失望也會籠罩自己。其實，只要我們更堅強一些，戰勝自己內心的缺點，成功就會距離自己更近一些。

如果仔細分析自己經歷的痛苦和煩惱，就會發現，痛苦和煩惱的來源大部分都是無法戰勝自己。

需要勇敢的時候，先要戰勝自己的軟弱。

需要灑脫的時候，先要戰勝自己的執迷。

·墨·菲·定·律·

需要改變的時候，先要戰勝自己的固執。
需要冷靜的時候，先要戰勝自己的衝動。
需要勤奮的時候，先要戰勝自己的懶惰。
需要豁達的時候，先要戰勝自己的淺狹。
需要廉潔的時候，先要戰勝自己的貪欲。
需要公正的時候，先要戰勝自己的偏私。

這些矛盾的名詞——勇敢、軟弱，灑脫、執迷，改變、固執，冷靜、衝動，勤奮、懶惰，豁達、淺狹，廉潔、貪欲，公正、偏私……幾乎經常同時佔據我們。

美國《運動畫刊》上登載一幅漫畫，畫面是一個拳擊手累倒在練習場上，標題為《突然之間，你發現最難擊敗的對手竟然是自己》，這個標題實在耐人尋味。

在英國，有一個學業成績優秀的學生，去一家公司面試，結果名落孫山。他得知這個消息以後，深感絕望，頓生輕生之念，幸虧搶救及時，自殺未成。不久傳來消息，他的考試成績名列榜首，是計算分數的時候，電腦出現問題，他被公司錄取了。但是又傳來消息，他被公司解聘了，理由是：無法承受這種打擊，怎麼可能在職場上建功立業？

這個年輕人雖然在分數上打敗其他對手，可是他沒有打敗心理上的敵人，他的心理敵人就是害怕失敗，對自己缺乏信心，給自己製造心理上的緊張和壓力。

每個人的性格中，都會存在上述的衝突。這些衝突，在我們需要採取行動的時候，經常會同時出現。它們同時出現的時候，就是我們開始彷徨困惑而痛苦不堪的時候。我們怎樣決定，就看是哪一邊的力量戰勝。如果是積極和光明的一邊戰勝，就會走向成功；如果是消極和黑暗的一邊戰勝，就會走向失敗。

戰勝自己，不是一件容易的事情，需要巨大的勇氣與堅定的信念。思考一下，你戰勝自己的次數多嗎？是否經常縱容自己？

戰勝挫折，就是戰勝自己

有一個商人，因為經商失敗而欠下債務，由於無力償還，在債權人頻頻催討下，精神幾乎崩潰，因此萌生結束生命的念頭。

有一天，他獨自來到親戚的農莊拜訪，打算在僅有的時間裡，享受最後的恬靜生活。

當時，正值八月瓜熟時節，田裡飄出的陣陣瓜香吸引他。看守瓜田的老人看見他到來，熱情地摘下幾個瓜，請他品嘗。

然而，心情仍然低落的他，沒有任何享用的心情，但是又無法拒絕老翁的好意，禮貌地吃了半個，並且隨口讚美幾句。

老翁聽到讚揚以後，感到非常喜悅，開始滔滔不絕地訴說自己種植瓜果付出的心血與辛苦：「四月播種，五月鋤草，六月除蟲，七月守護……」

原來，他大半生都與瓜果相伴，流了許多汗水，也流了許多淚水。瓜苗出土的時候，不幸遭遇旱災，但是為了讓瓜苗得以成長，即使每天來回挑水，也不覺得辛苦。

有一年，就在收穫以前，一場冰雹來襲，打碎他的豐收美夢；還有一年，金黃花朵開得非常茂盛，一場洪水讓自己感到絕望……

老人說：「人類和老天爺打交道，難免要吃一些苦頭，但是只要可以低下頭，咬緊牙關，就可以撐過去。因為，最後瓜果收穫的時候，全部都是我們的。」

老人指著纏繞樹身的藤蔓，對這個商人說：「你看，這些藤蔓雖然活得輕鬆，但是一輩子無法抬頭！只要風一吹，它們就彎了，因為它們不願意依靠自己的力量活下去。」

這番話讓商人醒悟過來，他吃完手中的半個瓜，在瓜棚下的椅子上放了一百元，以示感激，翌日踏著堅毅的步伐離開農莊。

五年以後，他在城市裡重新崛起，並且成為一個現代化企業的老闆。

每個人都會遇到挫折，適度的挫折具有一定的意義，可以幫助人們驅走惰性，促使人們奮發向前。挫折也是一種挑戰和考驗，英國哲學家培根說：「超越自然的奇蹟，大多是在對逆境的征服中出現。」關鍵的問題是：應該如何面對挫折？

我們可以選擇放棄挫折，繞道而行，不必為了遇到挫折而難過，也不必付出任何努力；我們可以選擇

·墨·菲·定·律·

迎接挫折，毫無畏懼，雖然為此付出辛勤的勞動，但是可以收穫戰勝困難的喜悅，也有今後戰勝困難的勇氣。

戰勝自己，是一個不斷超越的過程

想要戰勝自己，首先要有不斷超越的決心，「青出於藍而勝於藍」，是對藍的否定，也是對藍的昇華。我們的進步，包括對昨天的褒獎，也包括對今天的否定。

體育比賽就是超越極限的比賽，包括心理極限和身體極限。此刻，運動員戰勝的不僅是對手，也包括畏懼和各種不健康的心態。

在追求成功的道路上，失敗和成功的原因究竟是什麼？其中的主要原因是：前者是被自己打敗，後者卻可以打敗自己。

美國有一位叫凱絲・戴萊的女士，她有一副好嗓子，想要成為歌星，可惜的是嘴巴太大，還有暴牙。她初次上台演唱的時候，努力用嘴唇掩蓋暴牙，以為那是很有魅力的表情，卻給別人留下滑稽可笑的感

·墨·菲·定·律·

覺。

有一個觀眾直率地告訴她：「不必掩藏暴牙，你應該盡情地張開嘴巴，觀眾看到真實大方的表情，相信一定會喜歡你。也許你介意的暴牙，會為你帶來好運！」

只要有信心，就會產生意志力量。弱者與強者之間、成功與失敗之間最大的差異，就是意志力量的差異。如果有意志的力量，就可以戰勝自身的各種缺點。

戰勝自己的三十二字秘訣

成功者不是一蹴而就，他們是在不斷挑戰自己的過程中，為自己設定更高的目標，逐漸走向人生的輝煌。敢於挑戰自己的人，一定是非常有自信的人，認為自己可以比現在更好，所以不斷提高對自己的要求。

戰勝自己，不是一件容易的事情，需要付出實際的行動。具體來說，可以從以下幾個方面做起：

一、志存高遠，信念堅定

遠大的目標可以煥發激昂的鬥志，不懈的努力可以征服艱難的困苦。用最高標準來嚴格要求自己，付出滴水穿石的努力，才有可能到達理想的彼岸。

墨菲定律

二、見賢思齊，知恥後勇

對自己的優點和缺點，要有全面而正確的認識。只有正視自己的缺點，學習別人的優點，才可以知恥後勇，在自省中激勵自己，在反思中提升自己，然後不斷戰勝自己。

三、積極進取，自強不息

「業精於勤，荒於嬉；行成於思，毀於隨。」勇於突破自我和超越自我的人，是生活的強者。任何一勞永逸和一蹴而就的想法，都是不切實際的幻想。

四、發掘潛能，挑戰極限

每個人都有自己的夢想，但是可以實現自己夢想的人很少，為什麼？關鍵在於：是否有勇氣去挑戰自己，做到別人無法做到的事情。敢於挑戰自己的人，可以激發自己無窮的潛力，進而取得偉大的成就。

一第五章一

淬火效應：玉不琢不成器，劍不磨不鋒利

金屬零件加熱到一定溫度以後，浸入冷卻劑（例如：油、水）中，經過冷卻處理，其性能更穩定，心理學將此定義為「淬火效應」。

鐵經百鍊方能成鋼，鋼經千錘方能成器，在淬鍊的過程中，需要不停地透過冷熱交替來打磨韌性，無數次交替過後，才可以打造出精良的成品。人類也是如此，歷經挫折和鍛鍊，其心理會更成熟，心理承受能力會更強，意志會更堅定，更容易取得成功。

榮譽的桂冠是用汗水鑄就的

一位畫家要完成一件傳世之作，不知道要經歷多少磨練；一個作家要寫出一部優秀作品，不知道要進行多少思考；一支部隊要贏得一場戰事勝利，不知道要做出多少犧牲。他們都是用自己的艱苦努力和辛勤汗水，最後鑄就出榮譽的桂冠。

耶穌帶著門徒彼得出外遠行，在途中，耶穌看到地上有一塊破舊的馬蹄鐵，於是要求彼得把它撿起來。但是，彼得因為旅途勞累，不願意為一塊馬蹄鐵彎腰，因此充耳不聞，故意假裝沒有聽見。

耶穌沒有多說什麼，自己彎腰撿起馬蹄鐵。到了城裡，他用這塊馬蹄鐵向鐵匠交換一些錢，又用這些錢買了十幾顆櫻桃。

師徒兩人繼續前行，來到一片荒野。彼得背著沉重的行李，走得又累又渴，但是自己的水已經喝完了。耶穌悄悄地從口袋裡丟出一顆櫻桃，彼得看見了，就像發現什麼寶藏似的，立刻撿起來吃。

於是，耶穌走一段路就丟下一顆櫻桃，彼得走一段路就彎一次腰，為了甘甜的櫻桃，狼狽地彎了不知道多少次腰。

耶穌看見彼得腰酸背痛的模樣，知道他已經受到教訓，笑著說：「如果你不願意為小事付出，將會為更小的事情付出更多。」

清代名臣曾國藩說過一句名言：「堅其志，苦其心，勞其力，事無大小，必有所成。」許多看似微不足道的事情，都是成功金字塔上的磚頭，不加以實踐，如何造就成功？

法國作家夏爾說：「為了換取燦爛的光華，必須吹動那些微弱的火花。」耕耘的可貴在於腳踏實地，而非幻想一步登天。所有的成功，都是建立在務實的基礎上，一步一腳印，路就是這麼走出來的。

挫折和不幸，是天才的進身之階

巴爾札克說：「挫折和不幸，是天才的進身之階、信徒的洗禮之水、能人的無價之寶、弱者的無底深淵。」面對生活中的挫折和不幸，強者相信奮鬥，不斷戰勝自己；弱者屈服於自己，只能相信命運。

在我們前進的道路上，挫折和失敗在所難免。挫折和順利，失敗和成功，都是人生不可缺少的組成部分。它們之間，相反相成，互相轉化，順利伴隨挫折而來，成功在失敗中誕生。是否可以化挫折為順利、轉失敗為成功，關鍵在於我們對待挫折和失敗的態度，以及我們在挫折和失敗中是否可以保持堅定意志。

只有不甘失敗而向前邁進的人，才可以登上成功的巔峰。

法國作家莫泊桑初學寫作的時候，把作品送給當時的著名作家福樓拜看，由於程度不高，福樓拜不客氣地要他把作品燒掉，並且勸他從學習觀察社會開始做起。經過堅持不懈的努力，莫泊桑終於成為短篇小說大師。

羅曼・羅蘭是法國著名作家和音樂評論家，他的第一部作品送給當時一位權威評論家看的時候，也遭到否定。雖然他氣得把原稿撕得粉碎，但是他沒有灰心，繼續堅持寫作，最後成為世界聞名的作家。

我們不要為任何成功而驕傲自滿，忘記追求成功的艱辛，也不要為任何挫折而垂頭喪氣，失去重新戰鬥的勇氣。只有這樣，才可以依靠自己拯救自己。

讓我們記住「失敗為成功之母」這句至理名言，面對挫折與失敗，勇往直前，奪取成功！

寶劍鋒從磨礪出，梅花香自苦寒來

漫漫歲月，茫茫人海，生活的道路上充滿坎坷，例如：生活困難、考試落榜、升職無望、健康不佳、借貸無門、辦事受阻、無故受挫……無論我們是否喜歡，無論我們是否願意，挫折隨時有可能翩翩而來。要如何看待挫折，要如何面對挫折？

歷史上，許多偉人在與挫折鬥爭中，創造出非凡成就。貝多芬遭遇的挫折難以形容：十七歲失去母親，三十二歲耳聾，接著又陷入失戀的痛苦中。可是貝多芬不消沉，他在一封信中寫道：「我要扼住命運的咽喉，它絕對無法使我屈服。」他始終頑強地生活，艱難地創作，成為偉大的音樂家。

挫折雖然給我們帶來痛苦，但是也可以磨練我們的意志，激發我們的鬥志，使我們學會思考和調整行為，以更好的方式去實現自己的目標。科學家貝佛里奇說：「人們最出色的工作，經常是在處於逆境的情況下做出的。」因此可以說，挫折是一種造就人才的特殊環境。

巴爾札克說：「挫折就像一塊石頭，對於弱者來說是絆腳石，讓你卻步不前；對於強者來說是墊腳石，使你站得更高。」只有抱持崇高的生活目的，建立崇高的人生理想，並且在挫折中磨練，在挫折中奮起，在挫折中追求的人，才可以成為生活的強者。

挫折是對意志的考驗，只要有堅強的意志，就可以登上成功的頂峰。只有面對挫折，才可以在逆境中學會生存，才可以歷經苦難而獲得成功。只要可以堅定信念，勇敢地挑戰挫折，就可以撥雲見日，踏上成功的道路。

通往成功的道路上，不會鋪滿鮮花，反而會潛藏許多挫折。挫折不可怕，可怕的是：失去面對挫折的勇氣！

·墨·菲·定·律·

不經歷風雨，怎麼可能看見彩虹？

在人生的征途上，從起點到終點，迎接我們的有鮮花和陽光，也有荊棘和陰霾，如果我們因為害怕失敗而放棄嘗試，永遠不可能成功。

失敗就像空氣中夾雜的沙子，如果因為害怕沙子而關閉窗戶，永遠無法得到空氣。正確地看待失敗，並且從中總結經驗和教訓，才可以距離成功更近一些。

亞伯拉罕·林肯是美國第十六任總統，也是歷史上的偉大人物。從他的人生經歷中，我們可以深刻體會他的人生格言：「想要獲得成功，就要不怕失敗。」

一八〇九年二月十二日，林肯出生在肯塔基州哈丁縣一個貧窮的農民家庭中。為了謀生，年輕的林肯走上從商的道路，不料二十二歲那年，他生意失敗，損失慘重，於是應召入伍。退伍以後，當地居民推選熱心公眾事業的林肯為州議員候選人，但是他的初次競選沒有成功。於是，他再次走入商業，可惜由於投資失敗，他的生意又以失敗告終。但是這些事情沒有讓他心灰意冷，他利用閒暇時間閱讀歷史和文學書籍，希望可以透過自我提升再次競選州議員。皇天不負苦心人，由於他對公眾事業的熱心，以及他精彩的政治演說，終於在一八三四年當選州議員。

然而，就在他的事業有所好轉的時候，他的未婚妻去世，帶給他巨大的傷痛。二十七歲那年，他精神崩潰，只好在家休養。二十九歲那年，他參加州議長競選，由於準備不充分等原因，競選失敗。三十四歲那年，他參加國會議員競選，依然以失敗告終。三年以後，他再次參加國會議員競選，之前的失敗給他準備方向和選舉經驗，這次他成功了。然而，在連任國會議員的選舉中，他又慘遭失敗。

一八五四年，林肯加入共和黨，並且在一八五六年參加共和黨副總統候選人競選，他堅持廢除奴隸制，但是必須透過和平方式來廢除。他這次競選雖然沒有成功，但是擴大政治影響，為自己的政治道路奠定基礎。經過數年的磨練，一八六〇年，林肯成為共和黨的總統候選人。同年十一月，選舉揭曉，林肯以一百八十多萬票當選美國第十六任總統。遙想他之前的政治生涯，歷經多少次失敗，才有今天的成功。是一種神秘的力量將他從木屋推向白宮，這種神秘的力量就是不服輸的精神。

馬克思曾經評價林肯：「他是一個不會被困難嚇倒，不會被失敗挫敗，不會被成功迷惑的人。他不屈不撓地邁向自己的偉大目標，從來不輕舉妄動。他穩步向前，從來不後退。」

·墨·菲·定·律·

對於我們而言，也是如此，我們不應該害怕失敗，失敗不是表示自己不行，而是在成功的道路上對自己的鍛造。事業的失敗，婚姻的失敗，學業的失敗，都是為了自己的成功而必須經歷的過程。在哪裡跌倒，就要在哪裡爬起來，繼續前進。如果害怕失敗而駐足，永遠無法看到美好的終點。

在挫折中奮起，在逆境中前行

一位哲人曾經說：「失敗，是走上更高地位的開始。」只有經過許多失敗，才會得到許多經驗。如果不願意承認失敗，永遠不會有進步。許多人獲得最後的勝利，就是受益於自己的屢敗屢戰。事實上，只有失敗才可以給我們果斷和決心。

挫折會引起焦慮、緊張、苦惱、失望的情緒反應，降低控制能力，產生行為偏差。所以，需要建立挫折的心理適應機制。對挫折的適應，有積極型和消極型兩種——積極的適應：合理攻擊、理由化、積極補償、重新確定目標、更努力、昇華；消極的適應：肆意攻擊、消極補償、孤立、固執、退化、壓抑。前者比後者更可以從根本上達到減少緊張和舒緩情緒的目的。

如果遇到成績不理想或是工作不順利等情況，很多人會認定這些事情就是表示失敗。其實，我們遇到的挫折和失敗，只是一種考驗，這些不順遂的事情只是一種不完美的結果。天不從人願的時候，不應該

·墨菲·定·律·

把這種情形稱為失敗，更不要因此而氣餒，產生各種負面情緒和消極想法。所謂的失敗，就是自己停止嘗試，因為只有自己放棄的時候，才可以稱為真正的失敗。

遇到挫折之後，如果只是唉聲嘆氣，從此一蹶不振，並且消極面對人生，不發掘自己的潛能，不重新奮戰，等待自己的只是更多的挫折。只有在遇到挫折之後不氣餒，激發自己內心能量的人，才可以向更高的目標發起挑戰。我們應該確信，無論成功有多麼遙遠，失敗次數有多少，最後的勝利仍然會屬於自己。

不是因為有些事情難以做到，而是因為我們失去繼續奮鬥的勇氣和決心。很多時候，我們因為害怕聽到別人說「不」，所以先對自己說「不」，不給我們機會的，其實是我們自己。

「跌倒了，再站起來，不氣餒不放棄，在失敗中求得勝利。」許多成功者都是這樣成功的，也是對那些即將失去信心的人最好的忠告。

第六章

跳蛋效應：心有多大，舞台就有多大

生物學家在玻璃杯中放進一隻跳蚤，跳蚤輕易地跳出來。再把這隻跳蚤放進加蓋的玻璃杯中，結果牠不斷地跳起，不斷地撞到蓋子。最後，這隻跳蚤變得聰明，根據蓋子的高度來調整自己跳的高度。一個星期之後取下蓋子，跳蚤再也跳不出來，這就是「跳蚤效應」的由來。

跳蚤變成「爬蚤」，並非自身失去跳躍能力，而是由於不斷受挫以後學乖了，習慣了，麻木了，行動的欲望和潛能被自己扼殺！

「跳蚤效應」說明，「自我設限」是一件悲哀的事情，害怕失敗會導致失敗。想要獲得成功，就要打破自我設限的心理高度。心有多大，舞台就有多大，只要有成功的信心，就可以找到施展才華的舞台。

態度決定高度，人生不設限

在成長的過程中，我們會遭受許多批評和打擊。在這樣的境地中，有些人奮發向上的熱情和欲望被「自我設限」壓制和封殺，對失敗惶恐不安，對失敗習以為常，失去信心和勇氣，逐漸養成懦弱、猶疑、狹隘、自卑、孤僻、害怕承擔責任、不思進取、不敢奮鬥的習慣，與生俱來的成功火種過早地熄滅。

成功是每個人的夢想，這個夢想與生命同在，至死方休。按照佛洛伊德的理論，人類生來就有「成為偉人」的欲望，「成為偉人」就是「成功」的集中表現。佛洛伊德之後的心理學家經過研究，也得出一個相似的結論：無論民族、文化、歷史、家庭、性別、年齡，人類天生就有喜歡受到讚美和尊重的願望和傾向，這是人類的共性。因此，可以這麼說，成功的渴望與生俱來——因為，成功是獲得讚美與尊重最有效的途徑。

美國學者約翰・杜威認為，人類本質最深遠的驅動力是「希望具有重要性」，以至於有些罪犯自述，自己縱火或是殺人，就是為了讓人們知道自己，看見人們聽到自己的名字就像五雷轟頂，是自己最感到滿足的時刻。

追求成功是人類的本能，我們為成功而來，也為成功而活。大多數人可以堅強地走完人生旅程，就是因為始終渴望成功，把它稱為信念也好，使命也好，責任也好，任務也好，總有期盼和牽掛，否則心有不甘，難以瞑目。成功代表富足、健康、幸福、快樂、力量……在人類社會裡，這些東西可以獲得最多的讚美和尊重。在這個世界上，無論貧富貴賤，有誰會站出來說：我不想成功，我不要成功？

想要解除「自我設限」，關鍵在於自己。西方諺語說：「上帝只拯救可以自救的人。」成功有明確的方向和目的，自己是否可以成功，與別人毫無關係，只有自己想要成功，才會有成功的可能。

洛克菲勒曾經對兒子說：「我記得我對你說過，你在現在這種年齡，要做的事情就是思考十年之後從事什麼工作，你對將來必須具有想像力。」

無論我們現在處於什麼環境，要問自己一個問題：自己將來想要成為什麼樣的人？同時，一定要記住，根本不存在開始一件事情的最佳時刻。我們推遲做一件事情的時候，就會距離成功越來越遠。

發掘潛能，你的能量超乎你的想像

人類的潛能是無限的，但是被發掘出來的很少，很大的原因是人們習慣自己的現狀而不想改變，但是受到外界刺激必須做出改變的時候，潛能就會爆發出來。

一位名叫史蒂文的美國人，因為一次意外導致自己無法行走，已經依靠輪椅生活二十年。他覺得自己的人生沒有意義，喝酒成為他忘記愁悶和打發時間的方式。有一天，他從酒館出來，照常坐輪椅回家，卻遇到三個劫匪要搶劫。他拼命吶喊和反抗，被逼急的劫匪竟然放火燒他的輪椅。輪椅很快燃燒起來，求生的欲望讓他忘記自己無法行走，立刻從輪椅上站起來，一口氣跑了一條街。

事後，史蒂文說：「如果我不逃走，就會被燒傷，甚至被燒死。我忘記一切，一躍而起，拼命逃走。等到我停下腳步以後，竟然發現自己會走了。」現在，史蒂文已經找到一份工作，身體健康，與正常人一樣行走，並且到處旅遊。

史蒂文殘障二十年，竟然因為一次意外而康復，說明什麼道理？我們的生命受到威脅的時候，求生的欲望戰勝一切，可以在瞬間產生巨大的能量。著名作家柯林・威爾遜曾經用富有激情的筆調寫道：「在我們的潛意識中，在靠近日常生活意識表層的地方，有一個『過剩能量儲藏箱』，存放準備使用的能量。就像存放在個人帳戶中的錢一樣，在我們需要使用的時候，就可以派上用場。」

如果我們在平常的日子裡可以嘗試去發掘自己的潛能，是不是可以比現在的自己在很多方面做得更好？

掌握發掘自己潛能的方法很重要，我們必須學會積極歸因，自己取得進步的時候，可以歸功於自己的努力，這樣可以激發自己繼續挑戰的欲望，也可以把自己的進步看作是自己實力的表現，這樣可以對自己以後進行的挑戰更有信心，因為我們相信自己的實力。

習慣是人們拒絕去發掘自己潛能的一個重要因素，它就像一個能量調節器，好習慣使我們的潛能指引思維和行為朝著成功的方向前進，壞習慣卻反之。我們如果習慣安逸的環境就會變得遲鈍，無法看清外界的變化。所以，在風平浪靜的時候要養成好習慣，主動發掘自己的潛能，例如：可以嘗試一些自己以前沒有做過但是有興趣的事情。也許經過嘗試，就會發現自己做得很好，又找到一條成功之路。

開發潛能，挑戰自己的極限

人類究竟有多少潛能？開發的極限是什麼？沒有人可以回答。其實，我們可以活得比現在更好，因為我們沒有達到自己的極限。

現代科學顯示，一個正常人只運用全部能力的一〇%，甚至六%。有些人估計，人類可以記憶的東西相當於五億冊的書籍，但是人類展示出來的記憶力不及一〇%。人類有很多潛能尚未獲得開發，就伴隨生命的終結而消失無蹤，這是人類的遺憾，也是人類的悲劇。

所謂的「潛能」，是指一個人智力、身體、心理等方面存在的發展可能性。

潛能包含兩層意義，一層意義是指潛力，也就是那些露於外而未發的能力，需要發掘以後才會被發現。潛能的另一層意義，是指那些蘊藏於頭腦中尚未開發的智慧，這層意義上的潛能經常無法為人所知，只有等待日後開發出來。因此，潛能要轉化為實際的能力不是自然而然的，需要我們去發現自己。

潛能如果被激發出來並且加以關注和引導，就可以保持其固有的力量，否則就會變得遲鈍而失去力量。

愛迪生說：「我最需要的，就是有人叫我去做自己力所能及的事情。」表現自己才華的最佳方式，就是去做自己力所能及的事情。只要盡自己最大的努力，發揮自己擁有的潛能，就有可能取得成功。潛伏在大多數人體內的潛能是巨大的，但是這種潛能還在酣睡，只有被激發出來，才可以做出驚人的事業。

引爆潛能，你也可以創造奇蹟

根據人類的生長規律，由於在生命成長的各個階段以及遺傳基因的不同，每個人都有不同的潛能。潛能開發的本質，是把自己的潛能誘導出來，啟動自己掌握知識的能力。

潛能開發在不同年齡都可以進行，而且人類潛能有別於自然資源，自然資源越用越少，人類潛能越用越多。人類的潛能是無限的，柏拉圖曾經指出：「人類具有天生的智慧，人類可以掌握的知識是無限的。」人類大約有九〇％～九五％的潛能沒有得到妥善的利用和開發。

我們的潛能需要被開發，在沒有被完全開發以前，我們無法知道自己的潛能有多少。有些人與成功失之交臂，不是因為他們沒有能力，而是他們不知道如何發揮自身的潛能。

所以，不要再懷疑自己！從現在開始，全力開發自己的潛能，如果自己的潛能被開發，就可以獲得源源不絕的能量！

第七章

蘑菇定律：沒有繭中蟄伏，哪來羽化成蝶？

「蘑菇定律」是二十世紀七〇年代美國電腦工程師在工作過程中提出：初入世者經常會被置於角落，不受重視，無法得到豐厚報酬，無法得到指導和提攜，接受許多批評和指責，代人受過，處於自生自滅中。

蘑菇生長必須經歷這個過程，我們的成長也會經歷這個過程。無論你是多麼優秀的人才，在剛開始的時候，只能從最簡單的事情做起，就像蘑菇的經歷一樣，從最陰暗的角落成長。

蘑菇經歷：人生的寶貴財富

惠普公司前董事長卡莉・費奧莉娜從史丹佛大學畢業以後，第一份工作是一家房地產公司的接待員，每天的工作就是打字、複印、收發文件、整理文件。雖然父母和朋友對她的工作不滿意，認為一個史丹佛大學的畢業生不應該做這些事情，但是她沒有任何怨言，一邊工作一邊學習。

有一天，公司的經紀人問她，是否可以幫忙撰寫文稿，她立刻答應。正是這次撰寫文稿的機會，改變她的一生，她後來成為惠普公司的董事長。

每個人都希望自己的生活如魚得水，都希望得到老闆和主管的賞識，但是沒有人會白白地送給我們這些，只能用自己的忍辱負重和堅韌不屈去獲得。

這段忍辱負重的經歷就像蠶繭，是羽化之前必須經歷的過程，只有那些可以忍受的人，才可以得到陽光普照的機會。

我們的成長就像蘑菇生長一樣，必須經歷一個漫長而痛苦的過程。既然是必經階段，我們就要坦然面對，欣然接受。

經過這個階段的磨練，就可以掌握目前從事工作的技能，提升自己為人處世的能力，以及挑戰挫折和失敗的意志。從這個意義上說，「蘑菇經歷」是人生的寶貴財富。

職業道路上的磨練，不是舞台上的演出，必須扮演自己的角色，還要承受痛苦的折磨。一個意志堅強的人，可以將逆境變成順境，可以在危機中找到轉機。

許多職場新人，經常有不切實際的幻想，期望擁有一份薪水豐厚的工作。事實上，他們由於缺少對公司文化的瞭解，無法被委以重任，期望與現實發生衝突的時候，就會失去對工作的熱情，容易採取敷衍應付的態度。因此，他們應該調整自己的心態，認真做事，對於自己走出職業生涯的蘑菇時期很有幫助。

融入環境，從「蘑菇堆」脫穎而出

進入一家自己不滿意的公司，或是被分配在某個不理想的職位，從事無聊工作的時候，必須學會適應。這是因為，想要改變環境，必須先適應環境。

從單純的學校走向複雜的社會，最重要的是：適應性問題。學生有學生的行為標準和思考模式，員工有員工的行為標準和思考模式，兩者完全不同。因此，我們必須獨立思考，學會承受和忍耐，少說多做，適應工作環境，融入團體組織。

只要有組織，就離不開人際關係。儘管現在是一個「契約社會」，但是如果把各種關係建立在白紙黑字的契約上，毫無通融餘地，就會被認為是冷酷無情。事實上，人與人之間如果沒有信任關係，工作就會無法進行。我們經常需要借助別人的力量，這種互相信任的關係是不分組織內外的。

在組織中，最重要的是：妥善處理自己的人際關係。一般的工作方式是以團體為主，每個人要堅守自己的職位，也要互助合作。如果公司的凝聚力很強，員工就會願意為其他同事努力。如果每個員工都有深厚的凝聚力，就會形成溫馨的人際關係。

禮貌也是非常重要的。進入公司的時候，要學習對待顧客的方式、自我介紹的方法，以及一些禮貌用語。這些是基本的企業規範，如果觸犯它們，會讓自己成為眾人側目的異類，也會造成公司的損失。

作為職場新人的「蘑菇」，怎樣才可以快速成長？關鍵是：融入一個團隊，從團隊中獲得支持，讓自己鑽出地面。從「蘑菇堆」脫穎而出的時候，人們就會認同你的價值。記住達爾文的忠告：想要改變環境，必須先適應環境。

每個優秀的人，都有一段沉默的時光

我們的一生，一半以上的時間是在職場中奮鬥，然而許多人總是鬱鬱寡歡，尤其是進入工作環境的年輕人，覺得自己不快樂，抱怨工作不順利，認為自己收入太少，無法得到主管的重視。「我本將心向明月，奈何明月照溝渠」，這句話可以表達他們的心聲。

對於許多人而言，回憶自己第一份工作的時候，「蘑菇定律」可能是他們最深刻的感悟。在那段歲月中，他們無法得到重視，被隨意驅使，儘管他們的能力具有優勢，但是沒有表現的機會，從事的工作與初入職場的夢想差距很大，甚至感到自己的未來就要湮沒在這種沒有成就感的工作中。

從企業的角度來看，聘用新人往往表示風險，除了那些高級人才以外，許多員工都會經歷一段類似蘑菇的陰暗時期，如果他們是符合公司要求的人才，就會被公司委以重任，獲得發展的機會。由此可見，對於新員工而言，最初的「蘑菇時期」就像一段羽化的過程。在這個過程中，他們逐漸瞭解公司的企業文化、公司內部的人際交往、部門之間的分工與合作，為自己的發展打下堅實的基礎。

雖然「蘑菇定律」是組織運行的潛規則，但是很多人無法忍受類似蘑菇的陰暗時期，自恃擁有很高的學歷，不願意放下身段，甚至挑釁老闆和主管，以懷才不遇的心態離開公司。然而，「蘑菇定律」作為員工在公司發展的普遍規律，我們必須瞭解這是職場發展的必經階段。在這個過程中，逐漸累積自己的工作經驗，才是縮短陰暗時期的有效途徑。

默默耕耘，才可以達成目標

一粒種子如果沒有經過掙扎奮鬥的過程，就會是一粒乾癟的種子，永遠無法成長為一棵大樹。

許多有抱負的人忽略積少才可以成多的道理，只想一鳴驚人，不去做埋頭苦幹的工作。忽然有一天，他們看見比自己資質差的人，已經有可觀的收穫，驚覺到在自己這片園地上還是一無所有。這個時候，他們才會明白，不是上天沒有給自己理想或志願，而是自己只等待豐收而忘記播種。

因此，只是對自己無法實現的願望焦急慨嘆是沒有用的。想要達到目的，必須從頭開始。「登高必自卑，行遠必自邇」，就像爬山，只要認真地攀登，付出相當的努力之後，登高下望，才可以看見已經克服多少困難，走過多少險路。不斷獲得微小的成功，才會累積成接近理想目標的成功。

最終的目標不是轉眼之間就可以達到，沒有付出辛勞艱苦的代價之前，看著那個目標著急是沒有用的。只有從基本做起，按部就班地朝著目標行進，才會慢慢地接近目標。

有時候，不是我們對自己食言，而是缺乏成功要求我們付出的持之以恆的精神。很多時候，成年人和小孩子是一樣的。成年人也喜歡玩樂，喜歡遊戲，喜歡拖延，或許比小孩子更缺乏自制力。我們需要面對為成功而設計的計畫，我們需要開始做出具體行動的時候，痛苦就會來臨了。

「登高必自卑，行遠必自邇。」一埋頭苦幹的人，可以脫穎而出、施展才華、實現抱負，因為他們不驕傲、不強勢、不甘於現有的成績，可以不斷地接近目標。

·墨·菲·定·律·

腳踏實地，走向成功

「蘑菇定律」告訴我們：房屋是由一磚一瓦堆砌而成；足球比賽的最後勝利，是由不斷的得分累積而成；商店的繁榮，是依靠許多顧客創造的；每個重大的成就，都是許多小成就累積而成；進步是不斷努力得來的。

有一個年輕人，想要成為少林寺最出色的弟子，他問大師：「我要多少年才可以那麼出色？」

大師回答：「至少十年。」

年輕人說：「十年時間太長了，如果我們付出雙倍的努力，需要多長的時間？」

大師回答：「二十年。」

年輕人又問：「如果我日以繼夜地練習？」

大師回答：「三十年。」

年輕人灰心了，他疑惑地問大師：「為什麼我說要更努力，你反而告訴我需要更長的時間？」

大師說：「一隻眼睛只顧盯著目標的時候，只剩下一隻眼睛去尋找道路。」

這個故事說明一個道理：做事不要急於求成，一步一腳印，只要付出努力，就會有好的結果。

我們必須知道，每個人都會經歷一段類似蘑菇的陰暗時期。在適應社會的過程中，認真對待每件事情，多做事少抱怨，主動學習，激勵自己，才可以有所作為。只有在逆境中掙扎，才可以激起戰鬥欲望，才可以奮發圖強，才可以距離成功更近。

古人云：「天將降大任於斯人也，必先苦其心志，勞其筋骨，餓其體膚，空乏其身，行拂亂其所為，所以動心忍性……」我們要找到自己的位置，選擇自己的道路。在組織中，把忠於團體放在首位，透過堅持不懈的努力，就會脫穎而出，獲得成功。

完成從「蘑菇」到「靈芝」的蛻變

我們應該瞭解一個事實：自己處於「蘑菇」的成長時期，不要認為自己是「靈芝」。利用現在的環境，加快成長的步伐，才是最重要的關鍵。

以下三個方法，有助於我們順利度過「蘑菇時期」：

進入職場的時候，認為自己應該得到重用，但是缺乏工作經驗，只有經過磨練以後，消除不現實的幻想，把自己的工作做好，才可以慢慢成長。

想要在職場上遊刃有餘，要有專業的知識和技術，也要有交際的能力。那些工作積極的人，都有某些共同的行為標準和思考模式。如果可以適應這些行為標準和思考模式，就可以在「蘑菇時期」以後，快速適應社會。

對於某些人來說，取得成績之後，總是希望主管和同事會注意自己，並且得到他們的讚揚。事實上，不是每個成績都會被別人看到。因此，避免沾沾自喜的心態，思考如何才可以做得更好，為了取得更大的成績，應該腳踏實地，一步一腳印走下去。

第八章

酸葡萄甜檸檬定律：快樂的精神勝利法

酸葡萄甜檸檬定律，是指自己的行為不符合社會價值標準或是沒有達到追求目標的時候，人們會有一種自我安慰的心理機制：得不到的是不好的，得到的是好的。

自我安慰：快樂需要自己找

《伊索寓言》中，有一個家喻戶曉的故事：一隻饑餓的狐狸路過果林，發現架子上掛著許多葡萄，垂涎三尺，可是自己摘不到。就在失望的時候，狐狸突然說：「那些葡萄沒有成熟，還是酸的。」然後高興地離開。事實上，狐狸沒有吃到葡萄，還是餓著肚子，但是一句自我安慰，卻讓牠走出沮喪，變得快樂。

寓言中的狐狸，透過自我安慰，沒有吃到葡萄也覺得高興，屬於典型的酸葡萄心理。這種心理，是一種人類心理防衛的功能。人們的需求無法得到滿足，就會產生挫折感，為了解除內心的不悅與不安，就會編造一些理由進行自我安慰，使自己從消極的心理狀態中解脫出來。

現實生活中，酸葡萄式的自我安慰比比皆是，例如：沒有找到男女朋友的人，經常會說「單身最好，多麼自在啊」；沒有考上大學的人，經常會說「為什麼要讀大學，競爭那麼激烈，遲早會生病」……

與「酸葡萄」心理相對應的，是「甜檸檬」心理，是指人們對於得到的東西，儘管不喜歡或是不滿意，也堅持認為是好的，這也是一種自我安慰。

現實生活中，人們的「甜檸檬」心理比較普遍。例如：你買了一雙鞋子，覺得價錢太貴，顏色也不滿意，但是和別人說起的時候，可能會強調這是今年最流行的款式，即使價錢比較貴，也是值得的。

關於「酸葡萄甜檸檬定律」，心理學上有一個實驗，對此進行間接證明。

心理學家找來一些學生，進行兩個枯燥乏味的工作：轉動計分板上的四十八個木釘，順時針轉四分之一圈，再逆時針轉回，反覆進行半個小時；把一些湯匙放進盤子裡，然後拿出來，再放進去，反覆進行半個小時。

這些學生完成工作以後，分別得到一美元或是二十美元。同時，心理學家要求他們告訴下一個人，這個工作十分有趣。

結果發現，與一般的預期相反，得到一美元的人反而認為工作比較有趣。

這個實驗似乎證明，人們對於已經發生的壞事，傾向於透過自我安慰，減輕這件事情造成的不愉快。

·墨·菲·定·律·

適度的自欺欺人，可以增加幸福感

如果讀過魯迅的著作，對於酸葡萄甜檸檬現象，很容易聯想到阿Q。眾所周知，阿Q有一種精神勝利法，也就是「自欺欺人」。這種自欺欺人的心理，經常成為人們的笑柄，甚至遭到否定和批判。然而，許多心理學家認為，適度的自欺欺人在心理健康方面非常有價值。如果我們合理運用自欺欺人，可以讓自己增加許多幸福感。

我們經常會遇到很多不愉快的事情，而且這些事情是我們無法改變的。既然如此，我們應該怎麼辦？難道要為此痛苦和哀傷嗎？這個時候，我們可以使用自欺欺人來安慰自己，對於心理調節非常有效。

有一次，美國前總統羅斯福家中被盜，他的朋友寫信安慰他。他在回信中說：「感謝你寫信安慰我，我現在很平安。感謝上帝，因為他偷去我的東西，沒有傷害我的性命；他偷去我的部分東西，而不是全部。最值得慶幸的是：做賊的是他，而不是我。」

然而，無論是酸葡萄還是甜檸檬，在某種程度上，都是消極的心理防禦方式，雖然可以暫時舒緩內心的痛苦，但是會有一些副作用。例如：「酸葡萄」會影響人際關係，產生「小人」的形象；「甜檸檬」容易安於現狀，不思進取。

如何掌握自欺欺人的尺度，得到沒有副作用的自我安慰？

遇到挫折或是不幸而苦惱的時候，我們應該冷靜分析問題的起因，不要陷入「自我」的狀態，嘗試從「旁觀者」的角度，尋找解決問題的方法。

如果與別人發生衝突或是分歧無法解決，不要提前為自己貼上「不行」的標籤，可以採取「位置調換法」，從對方的角度出發，經過協商和權衡，最終與對方達成共識。

一個聰明的人，要學會自欺欺人，也要學會適度運用。

·墨菲·定律·

另眼看不幸，把酸檸檬做成甜檸檬汁

有一個人，覺得自己從小到大都是一個失敗者，失敗永遠陪伴在自己身邊，所以很不快樂。他認為上帝不公平，於是決定去尋找上帝，詢問上帝什麼是快樂。

他翻山越嶺，來到河邊，遇見一個老人，就問他：「快樂是什麼？」老人回答：「快樂就是每天可以釣到魚，那就是快樂。」

他渡過河，來到森林中，遇見一個中年男人，就問他：「快樂是什麼？」中年男人回答：「快樂就是每天可以捕獲野獸，那就是快樂。」

有一位住在佛羅里達州的農場主人，曾經創造一個商業上的奇蹟。當初，他買下那片農場的時候，那裡土地貧瘠，不適合種植任何果樹，甚至養豬也不適合。除了一些矮灌木與響尾蛇，什麼東西都無法生存，他看不出這塊土地有什麼用途，因此他的心情十分低落。

後來，他想到一個方法，決定再投資，開發利用這些響尾蛇資源。他不顧人們的反對，開始把響尾蛇肉加工成為罐頭。而且，旅遊資源也成為他的生財之道，每年有平均兩萬個遊客到他的農場參觀。

在這裡，遊客看見毒液被抽出以後送往實驗室製作血清，蛇皮高價賣給製鞋工廠生產鞋子與皮包，蛇肉罐頭運往世界各地。當地的郵戳也蓋著「佛羅里達州響尾蛇村」，當地人都以這位「把酸檸檬做成甜檸檬汁」的農場主人為榮。

快樂的人生態度，總是可以使人們把不幸化為機會。**哈里・愛默生・福斯迪克曾經說：「真正的快樂不一定是愉悅的，多半是一種思想上的勝利。」**快樂來自於一種成就感，一種自我超越的勝利，一種把酸檸檬做成甜檸檬汁的經歷。

每天清晨告訴自己：生活是如此美好，我感到很快樂。懂得為自己歌唱、為生活歌唱、為生命歌唱的人，快樂就會緊緊相隨。我們快樂的時候，別人受到我們的感染，心情也會舒爽開朗，喜歡與我們親近。

橫看成嶺側成峰，換一個角度去思考

「酸葡萄甜檸檬定律」告訴我們，對於同一件事情，從不同的角度去看，結果就會完全不同，心情也會完全不同。例如：失戀的時候，與其沉浸在痛苦和煩惱中，不如想一想，下次遇到的人會比這個人更好；遇到挫折的時候，不如想一想，從失敗中吸取教訓也是一種收穫……現實生活中，所有事情都有積極性和消極性，如果只看到消極性，就會讓自己陷入鬱悶中；如果可以看到積極性，就會豁然開朗。

烈日、沙漠，兩個人艱難地行走。一個人沮喪地說：「完了，我們只有半瓶水。」另一個人高興地說：「太好了，我們還有半瓶水！」

有時候，絕望孕育希望，失去表示收穫！面對生活中的不如意，不要沮喪，不要消沉，不要悲傷，不要以為迎接自己的是失去，換一個角度去思考，就可以跨越得與失、苦與甜、喜與悲的界限。

面對生活中的不如意，換一個角度去思考，境況就會完全不同。

吃虧的人說：吃虧是福。

丟東西的人說：折財免災。

逃過一劫的人說：大難不死，必有後福。

受人欺負的人說：不是不報，時候未到。

卸任的官員說：無官一身輕。

沒錢人的太太說：男人有錢就變壞。

怕老婆的丈夫說：有人管很好啊，什麼事情都不用操心。

丈夫不下廚，妻子跟別人說：每天圍著鍋爐打轉的男人沒出息。

住在頂樓的人說：頂樓好啊，上下樓鍛鍊身體，空氣新鮮，不會受到別人騷擾。

住在一樓的人說：一樓好啊，出入方便，省得爬樓梯，很累的。

被老闆炒魷魚的員工說：我把老闆炒了。

換一個角度去思考，可以使我們得到滿足，可以使我們擁有快樂……世界只有一個，換一個角度去思考，就會發現與眾不同的第二個世界。

·墨·菲·定·律·

如果你的心境因為俗事而變得支離破碎，不要消極，嘗試站在不同的角度，以積極健全的心態去對待生活中的各種事物。只有這樣，才可以輕鬆而愉悅地走過人生的挫折！

第九章

禁果效應：不禁不為，越禁越為

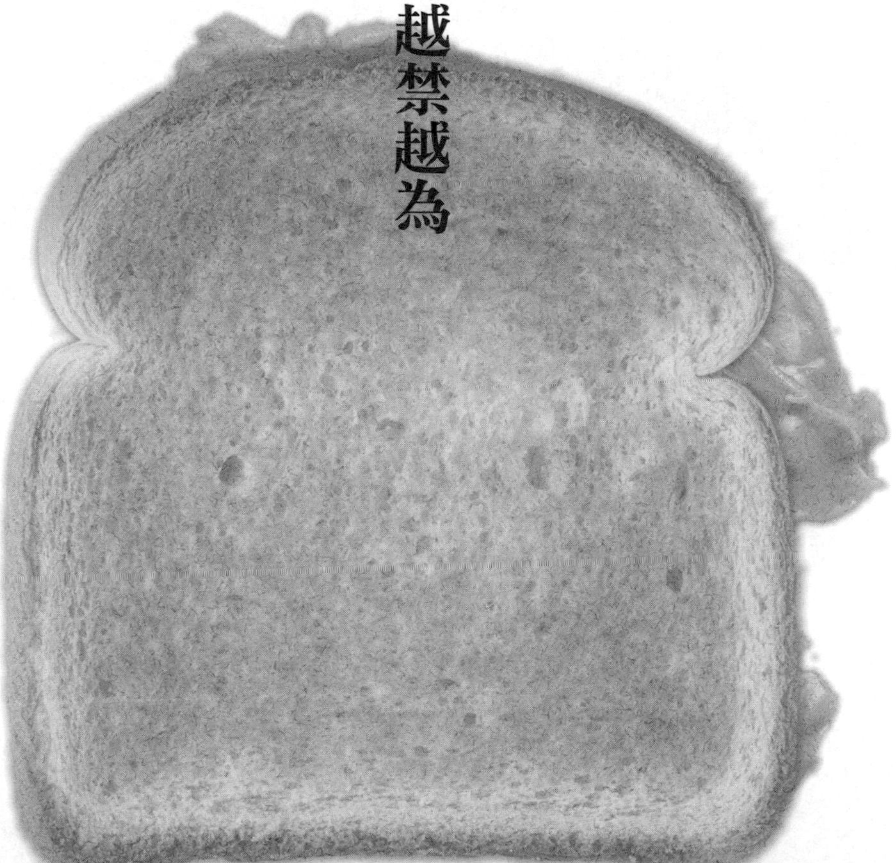

「禁果」一詞，來自於《聖經》故事：夏娃被智慧樹上的果實吸引，偷吃禁果，後來被貶到人間。這種禁果引起的叛逆心理現象，稱為「禁果效應」。「禁果效應」也稱為「羅密歐與茱麗葉效應」或是「潘朵拉效應」：越是禁止的事情，人們越是好奇和關注，充滿窺探的欲望和嘗試的衝動，想要得到或知道。

為什麼禁果特別甜：亞當遇見夏娃

俄羅斯有一句著名的諺語：「禁果特別甜。」談到這個話題，就要先從「禁果」說起，它來自於《聖經》，是指伊甸園智慧樹上的果實。

《聖經·創世紀》記載：上帝為人類始祖亞當和夏娃建造一個樂園，也就是眾所周知的伊甸園。上帝讓他們住在園中，並且負責修葺與看管樂園。同時，上帝告誡他們：「各種樹上的果實都可以吃，只有智慧樹上的果實不能吃。因為吃了它，你們就會死。」亞當和夏娃謹記上帝的教誨。

有一天，夏娃無法忍住蛇的誘惑，摘下智慧樹上的果實，並且吃下它。而且，她把果實給亞當，亞當也吃了。

後來，上帝得知此事，把他們趕出伊甸園。同時，上帝懲罰罪魁禍首——蛇，讓牠用肚子走路；懲罰夏娃，增加她懷孕的痛苦；懲罰亞當，讓他終身勞動，才可以從田裡獲得糧食。

夏娃和亞當為什麼要違背上帝的旨意，偷吃「禁果」？是因為他們饑餓，還是因為他們嘴饞？都不是，這個關於人類祖先的故事，暗示人類的本性中具有根深蒂固的「禁果效應」傾向。

在現實生活中，我們經常會遇到這樣的情況：越是禁止的事情，人們越是好奇和關注，充滿窺探的欲望和嘗試的衝動，試圖透過各種管道獲得或嘗試，也就是上述說的「禁果效應」。其實，這與事情本身沒有太大關係，主要是因為「禁止」激起人們情緒中的好奇心理和叛逆心理。

這種效應存在的心理學依據在於：無法知曉的事物比可以接觸的事物，對人們更有誘惑力，可以促進和強化人們渴望接近和瞭解的需求。我們經常說的「吊胃口」和「賣關子」，就是因為人們對資訊的完整傳達有期待心理，如果關鍵資訊在接受者內心形成接受空白，這種空白就會對被遮蔽的資訊產生強烈召喚。這種「期待—召喚」結構，就是「禁果效應」存在的心理基礎。「禁果特別甜」，只是人們的一種心理表現。

為什麼密室總是有好奇的闖入者？

「潘朵拉的盒子」是一個希臘神話故事：宙斯給潘朵拉一個盒子，並且告訴她，絕對不能打開。「為什麼不能打開？而且是『絕對』？裡面不會是稀世珍寶吧？」潘朵拉越想越好奇，想要知道真相。最終，她沒有抑制住自己的好奇心，把盒子打開了。可是誰知道，釋放出來的竟然是世界上所有的邪惡——貪婪、虛偽、誹謗、嫉妒、痛苦……

潘朵拉盒子的故事，背後是「禁果效應」在作怪。如果宙斯給潘朵拉盒子的時候，告訴她盒子裡面裝的是什麼，以及為什麼不能打開，潘朵拉很有可能不會打開那個盒子。人們被禁止採取某個行為，又沒有被提供可以接受的理由，大多會逆道而行，在好奇心理和叛逆心理的操縱下，做出一些被禁止的事情。

好奇心理是對獲得資訊的一種渴望；叛逆心理是客觀環境與主體需要不符合的時候產生的心理活動，具有強烈的反抗情緒。

許多心理學經典研究顯示：探究周圍世界的未知事物，是人類普遍的行為反應，是人類在長期生物進化中形成的具有生物意義的穩定需要。對某件事情做出不說明理由的禁止，會使這件事情有區別於其他事情的吸引力，使人們將更多的注意轉移到這件事情上。此外，沒有得到解釋的禁止，會引發各種推測和假設。人們對禁止感到理由不充分的時候，無法找到充分理由來遏止自己的探究欲望，心理平衡會朝著違反禁止的方面傾斜，使自己傾向於做出偷吃禁果的行為。

想要避免潘朵拉效應，必須在要求人們做什麼或是不做什麼的時候，給予充分而合理的解釋。單純地禁止，只會引起人們的推測和假設，並且探究為什麼不可以而跨越禁區，結果毅然決然地觸犯禁令，與禁令發出者的期望南轅北轍。

在武俠電影中，經常會出現這樣的情節：一個房間禁止人們進入，反而讓許多人聞訊而來，千方百計地想要進入，看看裡面到底隱藏什麼秘密。對於秘密，人們有一種天生的求知欲望，這就是「禁果效應」產生的根本原因。

·墨·菲·定·律·

欲「誘」越「禁」，欲「禁」反「縱」

雖然「禁果效應」在生活中無處不在，但是你想像不到，現在生活中經常看到的蔬菜——馬鈴薯，在被發現的時候，曾經因為被當作禁果，進而得到廣泛的推廣。

馬鈴薯從美洲引進法國的時候，很長時間沒有得到認同。迷信者把它叫作「鬼蘋果」，醫生們認為它對健康有害，農學家告訴人們，它會使土壤變得貧瘠。這些「權威人士」的斷言，使馬鈴薯成為不受歡迎、稀奇古怪的東西。

著名的法國農學家帕門蒂埃在德國當俘虜的時候，曾經吃過馬鈴薯。他嘗到馬鈴薯的滋味，想要回到法國以後，在自己的故鄉種植它。可是因為那些「權威人士」的斷言，誰也不敢種植馬鈴薯。

後來，他靈機一動，想出一個方法。他得到國王的許可，在一塊出名的貧瘠土地上種植馬鈴薯。根據他的要求，要由一支身穿儀仗服裝的衛隊看守這塊土地，但只是白天看守，到了晚上，衛隊就會撤回。

人們非常好奇，是什麼東西需要衛隊這樣煞有介事地看守？一定是好東西，才會怕別人偷。人們這樣想著，猜測馬鈴薯是非常美味或是很有好處的食物，忍不住想要瞭解真相。於是，他們做出決定，晚上的時候到那塊土地上偷挖馬鈴薯，然後種植到自己的菜園裡。

結果，馬鈴薯得到廣泛的推廣，人們發現這是一種風味獨特的食物，它沒有任何可怕的地方。

正是巧妙運用「禁果效應」，激發人們與生俱來的好奇心，帕門蒂埃推廣馬鈴薯的目的得以實現。

除了像帕門蒂埃那樣利用「禁果效應」得到積極效果以外，還有許多因為「禁果效應」而適得其反的例子：歷代統治者經常把自己認為是「誨淫誨盜」的書列入禁書之列，就像中國的《金瓶梅》和西方的王爾德、勞倫斯等人的作品。但是，被禁不僅沒有使這些書銷聲匿跡，反而使它們聲名大噪，許多人挖空心思要讀到它們，擴大它們的影響。

有些父母總是喜歡禁止孩子做某些事情，例如：不允許談戀愛，不允許玩遊戲，但是嚴厲禁止，反而增加孩子的好奇心理和叛逆心理，使他們在兩種心態的驅使下，冒險嘗試那些也許不甜的禁果，最終使教育走向反面。

透過「禁果效應」，我們可以發現：對於某些事物，越是禁止，越會增加其吸引力。其實，想要禁止某些事物，應該學會適當地放縱。更確切地說：一方面，可以把某些人們不喜歡但是有價值的事物變成禁

·墨·菲·定·律·

果，以增加其吸引力；另一方面，不要把某些不喜歡或是不贊成的事物當作禁果，以免增加其吸引力，適得其反。

培養良好的習慣，宜疏不宜堵

經常聽到父母們抱怨：「孩子長大了，不聽我們的話。叫他做什麼，他故意不做……」這句聽似平常的話，卻道出一個普遍的問題：孩子們在發展的過程中，經常會出現叛逆行為。

孩子的叛逆行為，部分來自於「禁果效應」。孩子的好奇心強，閱歷和經驗不足，情緒容易失控，道德觀念和社會化發展不成熟。他們不迷信、不盲從，具有強烈的求知欲望和探索精神。父母在教育孩子的時候，為了避免孩子遇到挫折，經常用自己的經驗阻止孩子的好奇心。孩子受到好奇心的驅使，無法接受父母的忠告，對於無法得到的東西，越是想要得到。這樣一來，就會形成孩子不聽勸告的叛逆行為。

在孩子的教育上，有些父母經常感到困惑，在方式上難以抉擇，不知道應該怎麼做。教育孩子的時候，不是過於嚴厲，就是過於寬容，但是實際效果非常不理想。

一位教育學家曾經說：「教育孩子的時候，要學會一手接納，一手控制。」對於孩子，適度的控制是

墨菲定律

必要的，但是不能過於嚴厲，否則會引發孩子的叛逆心理，正確的做法是管教和疏導結合。就像大禹治水一樣，在孩子的教育中，不可以只是「堵」，不可以只是「疏」，必須堵疏結合才可以。

在孩子的幼年時期，以「管」和「教」為主，越小的孩子的行為，越是應該管束和規範，不能遷就孩子的無理行為。如果在孩子的幼年時期，父母無法管束孩子的反抗行為，孩子以後的每次反抗，父母不可能獲勝。假如父母無法讓一個五歲的孩子撿起他的玩具，不可能在孩子具有叛逆心理的青春期進行任何有效的管教。

到了小學階段，除了要繼續管和教以外，也要重視「疏」和「導」，做到管、教、疏、導同時並用。孩子長大以後，應該減少管和教，逐漸增加疏和導。

孩子進入國中，疏和導應該佔據重要地位。進入國中階段的孩子，已經有強烈的獨立意識，甚至產生叛逆心理，不再屈從父母的管束和規範，希望父母尊重他們，與他們平等地溝通。這個時候，激勵和引導應該成為教育孩子的原則和方法。

如果父母可以綜合運用管、教、疏、導四個原則，在孩子的不同成長階段採用重點不同的教育方式，就可以使自己對孩子的教育收到理想的效果。

以上四個原則想要有效實施，必須建立在父母對孩子的尊重和關愛上。沒有對孩子的尊重，就不會有對孩子的有效教育。沒有對孩子的關愛，就不會有與孩子良好的情感溝通。而且，教育程度越高的父母，越是善於疏和導，很少使用管和教。因為他們可以掌握孩子的內心需求，可以瞭解孩子的內心感受，伺機進行引導。

第十章

光環效應：擦亮眼睛，切忌「愛屋及烏」

光環效應，最早是由美國著名心理學家愛德華・桑代克於二十世紀二〇年代提出。他認為，人們對別人的認知和判斷，經常只是從局部出發，擴散而得出整體印象，也就是以偏概全。如果一個人被認為是好的，就會被一種積極的光環籠罩，並且被認為具有許多良好品格；如果一個人被認為是壞的，就會被一種消極的光環籠罩，並且被認為具有許多不良品格。就像颳風天氣前夜月亮周圍出現的光環（月暈），其實只是月亮光的擴大化。據此，桑代克為這個心理現象取了一個恰如其分的名稱——「光環效應」，也稱為「以點概面效應」。

光環效應，是指人們看問題的時候，像月暈一樣，由一個中心點逐步向外擴散成越來越大的圓圈，是一種在突顯這個光環的影響下而產生的以點帶面、以偏概全的社會心理效應。

光環的迷霧：亂花漸欲迷人眼

托爾斯泰筆下的安娜・卡列尼娜，她喜歡卡列寧的時候，覺得他的一切是那麼美好，他耳朵上的那顆痣非常協調；她討厭卡列寧的時候，覺得他的一切是那麼醜惡，他耳朵上的那顆痣非常刺眼。這種心理反應，就是我們說的「光環效應」在作祟。

普希金是俄國著名的詩人，遇到被認為是「莫斯科第一美人」的娜塔莉亞，為她的美麗而心動，以至於瘋狂地愛上她。在普希金的眼裡，一個漂亮的女人也有非凡的智慧和高貴的品格。然而，事實並非如此。他們結婚以後，普希金讀自己的詩給娜塔莉亞聽，她總是不耐煩地捂著耳朵說：「不聽！不聽！」她總是要普希金陪她遊玩，參加舞會。為了她，普希金放棄詩歌創作，最後債台高築，甚至與別人決鬥而犧牲生命。

普希金的故事告訴我們：在現實生活中，不要讓「一俊遮百醜」蒙蔽我們的理智。對某個人或是某件事，不要急於做出判斷，不要以偏概全，要進行全面瞭解，否則就會掉進「光環效應」的陷阱。

美國心理學家凱利以麻省理工學院的兩個班級的學生分別進行實驗。上課之前，實驗者向學生宣布，臨時請一位研究生來代課，然後告知學生們關於這位研究生的一些情況。

其中，向一個班級的學生介紹他具有熱情、勤奮、務實、果斷的品格，向另一個班級的學生介紹的資訊，除了把「熱情」換成「冷漠」以外，其他各項都相同，但是學生們不知道。兩種介紹之間的差別是：下課之後，一個班級的學生與他一見如故，親密攀談；另一個班級的學生對他敬而遠之，冷淡迴避。

可見，只是介紹中的一詞之別，竟然會影響到整體的印象。學生們戴著這種「有色眼鏡」觀察這位研究生，他就會被籠罩不同色彩的光環。

透過以上的故事，也可以理解為什麼明星總是有很多緋聞，人們總是對媒體關於明星的緋聞爆料十分感興趣，對此津津樂道。然而事實上，人們看到的關於明星的形象都是媒體展現給人們的那圈「月暈」，或許這些緋聞只是媒體斷章取義，與事實的真相相距十萬八千里。

在日常生活中，「光環效應」隨處可見。例如：年輕人穿著打扮花俏怪異，老年人看不順眼，就會覺得他們是沒有出息的敗家子；年輕人選擇戀人，經常只重視外表，完全不考慮內在，進而做出錯誤的選擇……

·墨·菲·定·律·

「光環效應」對人際交往有很大的影響。大多數情況下，「光環效應」會使人們產生以偏概全、愛屋及烏的錯誤想法，影響理性人際關係的建立。反之，「光環效應」也可以增加個體吸引力，幫助其獲得某種成功。

以貌取人，猶如門縫裡看人

對一個英俊漂亮的人，人們很容易認為他的其他方面也很好。對一個邋遢醜陋的人，人們很容易認為他的其他方面也很差。

印象如果以情緒為基礎，這個印象經常會偏離事實。以貌取人、以才取人、以德取人、以某個言行取人、以某個長處或短處取人，都是不正確的知覺。

「人不可貌相，海水不可斗量。」識人要看內心，不要被外表蒙蔽，不要讓以貌取人影響自己的判斷結果。評價一個人，必須從許多方面進行考察，以得出正確的結論。

從整體上看人，就是從德、識、才、學、體五個方面，也就是按照人才構成的基本要素去評定。這五者是相輔相成的整體，彼此之間互相影響，互相制約，不能只見一點而忽略其他幾點。這樣一來，就要用整體性的綜合思維方式，結合事物經過分析之後的所有情況，進而得出正確的結論。「橫看成嶺側成峰，遠近高低各不同」，這句詩告訴人們：識人的時候，採取不同角度會產生不同結果。如果從上往下看，會把人看矮了；如果從下往上看，會把人看高了；如果從近往遠看，會把人看小了；如果從遠往近看，會把人看大了。

想要瞭解一個人的本質，必須結合所有的表現和情況，不能一葉障目，不能以偏概全，不能以貌取人。只有在瞭解透徹的前提下，才可以形成對人們的正確認識。

趨利避害，巧妙利用「光環效應」

漢代揚雄說：「行輕則招辜，貌輕則招辱。」（行為舉止輕率，就會招致罪過；衣飾相貌不整，就會招致羞辱。）這句話確實非常有道理。古往今來，每個人都知道「人不可貌相，海水不可斗量」的道理。憑藉外表來評價別人，就會鬧出笑話，甚至惹出麻煩，生出事端。

一個人的外在形象，雖然可以表示其品格和地位，但是以貌取人難免會犯錯。身分顯赫的人為了保持低調，會表現得平易近人，如果「狗眼看人低」，就會得罪他們；別有用心的人抓住人們趨炎附勢的心理，裝出衣冠楚楚的模樣，很容易讓人上當受騙。

有時候，以貌取人會識錯人。想要準確地識人，就要從其他方面著手，不是以貌取人就可以瞭解其品格。一隻眼睛還是兩隻眼睛看人，會影響自己是否可以做出正確的選擇。

我們知道「光環效應」是以偏概全的評價傾向，是個人主觀推斷泛化和擴張的結果，就要注意在評價

·墨·菲·定·律·

自己的時候，必須實事求是，全面考慮。別人稱讚你的時候，要保持頭腦冷靜，瞭解自己的缺點；別人批評你的時候，不要自暴自棄，瞭解自己的優點，客觀地看待自己，避免出現以偏概全而導致的錯誤。

同時，我們可以利用「光環效應」為自己創造有利條件。以下，我們來看看麥哲倫如何利用「光環效應」，成功地獲得西班牙國王的資助。

哥倫布航海成功以後，為了表示自己與投機者和騙子不同，麥哲倫在覲見國王的時候，特地邀請地理學家帕雷伊洛同往。帕雷伊洛把地圖擺在國王面前，歷數麥哲倫航海的必要性，以及各種好處。結果，國王果然被說服了，麥哲倫成功地得到資助，進行環繞地球一周的航行。然而，麥哲倫結束航海以後，人們發現他對世界地理的認識以及他計算的經緯度有許多偏差。

西班牙國王資助麥哲倫，不是因為麥哲倫或是帕雷伊洛的勸說內容，而是因為他認為帕雷伊洛作為專家，其建議一定值得信任。所以，適當地運用「光環效應」，有助於我們積極的發展。

此外，認識或接觸其他事物的時候，「光環效應」的負面影響會給我們的心理帶來很大的障礙。

總之，我們要正確看待和運用「光環效應」，理性地走出精彩的人生。

取下有色眼鏡，走出光環迷霧

「光環效應」會使我們戴著有色眼鏡看人，評價一個人的時候，帶有感情色彩。這樣一來，就會對別人做出錯誤評價，對人際交往非常有害。

為了避免「光環效應」的不良影響，就要盡量避免感情用事，客觀評價別人，理性和別人交往。避免「光環效應」蒙蔽自己，有以下幾個方法：

有些人總是以善意來評價別人，因為他們是菩薩心腸；有些人總是以惡意來評價別人，因為他們猜疑心重。這種把自己的某些心理特點附加給別人的現象，稱為「投射傾向」。人際知覺的投射傾向顯示：對別人的知覺包含自己的東西，反映別人的時候也在反映自己，這種反映經常是不自覺的。如果不注意自己的投射傾向，沒有理智地進行自我反省，就會出現「光環效應」以及許多偏見。

墨菲定律

刻板印象就是類化作用，按照預想類型把人們分為不同種類，然後貼上標籤，按圖索驥。例如：說到老師，就會想到「文質彬彬」；說到商人，就會想到「唯利是圖」……刻板印象的形成，開始於對某一類人普遍特徵的歸類，這是一種簡單的認識，雖然有利於對人們進行概括瞭解，但是容易產生偏差。因為人心不同，各如其面，刻板印象根據的並非認識對象的事實。有時候，刻板印象還是由於偏見的合理化而來。因此，刻板印象與「光環效應」有不解之緣，是導致失真的陷阱。想要對人們產生確切而深刻的認識，不要忘記人類的豐富多樣性，並且不斷地修正頭腦中由於刻板印象而造成的假象。

一項心理實驗顯示：人們被要求在許多自己不認識的照片中找出好人與壞人的時候，經常會受到「光環效應」的影響，表現出按照外貌分類的傾向。心理學家包達列夫曾經對七十二個人進行調查，他們如何理解人們的外貌。九個人回答，方型的下巴是堅強的象徵，寬大的前額是智慧的象徵；三個人認為，粗硬的頭髮表示倔強的性格；十四個人認為，身材肥胖表示心地善良；兩個人認為，肥厚的嘴唇是憨厚的象徵……這個調查結果非常有趣，也有一定的意義。儘管這些生理特徵是天生的，但是許多人認為可以從中看出一個人的性格特徵。這種由表及裡的推斷，含有很大的偏見成分。為此，只要在認識別人的問題上，確立不滿足於表象，瞭解其心理和行為，就可以擺脫「光環效應」的影響。

心理學研究證明：我們對別人的偏見，經常會得到自動的「證實」。例如：我們對某個人存有懷疑之心，時間一長，就會被他察覺，他會產生戒心。這種情緒的流露，又會使我們相信自己對他的看法是正確的，這就是心理學中的角色互動和雙向回饋。由於一方的偏失，導致另一方的偏失，又加強一方偏失的程度。如此循環下去，就會走進「光環效應」的迷宮。我們必須知道一個事實：對某個人有成見的時候，應該理智地檢討自己的態度和行為是否受到「光環效應」的影響，走出「光環效應」的迷宮。

擴大自己的光環，照亮成功的道路

「光環效應」是一把雙刃劍，既有有害的一面，也有有利的一面。這樣一來，就要求我們正確而理智地看待「光環效應」，讓「光環效應」為己所用。

我們可以巧妙利用「光環效應」，在人際交往和求職面試的場合中，採用先入為主的策略，展示自己的優點，掩飾自己的缺點，塑造完美的印象，擴大自己的光環。

面試的時候，如果可以巧妙運用「光環效應」，充分展現自己的優點，可以給面試官留下深刻印象，贏得面試官的賞識，取得面試的成功。

作為一個求職者，無法正確掌握面試官的心理，但是在面試中必須非常細心，瞭解面試官的想法，就可以在求職的過程中變被動為主動，讓面試官對自己產生深刻印象，進而幫助自己獲得成功，這就是「光環效應」的反映。

一定要記住，無論是工作中還是生活中，必須隨時保持清醒的頭腦，才可以避免被「光環效應」蒙蔽而上當受騙。同時，也要包裝自己的形象和企業的產品，擴大光環帶來的優勢，讓成功之路更平坦。

第十一章

沉沒成本效應：不要為打翻的牛奶哭泣

「沉沒成本」是指：由於過去的決策已經發生而無法由現在或是將來的決策改變的成本，例如：已經付出的時間、金錢、精力。

「沉沒成本效應」是指：根據經濟邏輯的法則，沉沒成本與制定決策應該是不相關的，但是在人們的投資活動、生產經營、日常生活中，廣泛存在一種決策的時候顧及沉沒成本的非理性現象。

沉沒成本：難以割捨的「雞肋」

無論是消費購物還是決策投資，都要考慮變動成本和沉沒成本，將兩項成本納入成本預算綜合考慮和權衡利弊。

如果你看到一個廣告：在距離家裡十公里的地方，有一家商店在打折出售襯衫。可是來到這家商店以後，發現這家商店的襯衫沒有一件適合自己，適合自己的襯衫只比在家裡附近商店購買的襯衫便宜一些。這個時候，你應該怎麼辦？

你的唯一合理選擇是購買襯衫！本節的目的就是向你證明購買襯衫是合理的。

到這家商店購買襯衫而駕車的各種支出，就是沉沒成本——如果發生了，就不會恢復。如果你在離家之前知道那裡的實際情況，就不會到這家商店。但是，既然你已經來了，不管是否購買襯衫，必須為到這家商店付出一些代價。

人們在決定是否做一件事情的時候，不僅考慮這件事情對自己是否有好處，還會考慮是否已經在這件事情上進行投入。沉沒成本是指已經付出而且不可收回的成本，經常用來和變動成本進行比較，變動成本可以被改變，沉沒成本無法被改變。**經濟學上認為，做出決策的時候只要考慮變動成本，如果同時考慮沉沒成本會被認為是錯誤的，結論就不是純粹基於事物的價值而得出。**

以買襯衫而言，也會存在這樣的錯誤認識。有些人會拒絕買襯衫，認為襯衫的價格不足以彌補到這家商店的費用，即使已經來了。這種想法沒有把沉沒成本作為無法收回的支出來看待，讓自己活在遺憾中，永遠不會快樂。明智的做法是買一件襯衫，比空手而回更好，就算是花錢買教訓！

關於沉沒成本，經濟學上還有一個著名的例子：

如果你買了一張電影票，已經付錢而且不能退票。你不知道這場電影怎麼樣，是否符合自己的口味。看電影三十分鐘以後，感到昏昏欲睡、索然無味。這個時候，你應該怎麼辦？是坐著繼續看完，還是站起來離開？也許你會覺得，既然已經花錢買票，沒有看完就離開非常浪費。大多數經濟學家認為，如果你是理性的，不應該在做出決策的時候考慮沉沒成本。在是否離開的兩種情況下，你已經花錢了，所以不應該考慮這一點。如果你後悔買票，當前的決定應該是基於是否想要繼續看這部電影，而不是自己為這部電影花費多少錢。此時的決定不應該考慮買票的事情，應該以看免費電影的心態來進行判斷。經濟學家會建議選擇不看電影而離開，這樣一來，只是花了一些冤枉錢，但是選擇繼續看電影會讓自己受罪。

·墨·菲·定·律·

我們察覺到沉沒成本，並且據此採取行動，只是權宜之計或是補救措施，目的是不讓結果變得更糟。如何從根本上避免這個問題？就要考慮產生沉沒成本的原因。

買襯衫的時候，只知道有一家商店的襯衫正在打折，不知道打折的襯衫尺寸；看電影之前，對電影的相關資訊和精彩程度一無所知。我們對資訊的掌握不足，會導致自己判斷的失誤，進而做出錯誤的決策。想要避免沉沒成本的出現，在做出決策的前期就要進行研究工作，盡量掌握資訊。沉沒成本出現的時候，必須及時調整策略和方案，避免事態擴大和蔓延。

我們應該承認現實，把無法改變的「錯誤」視為經營人生的損失，以全新的面貌面對未來，才是健康而快樂的態度，以這樣的態度面對人生，才會有新的成功和幸福。

消費的時候，防止陷入沉沒成本的泥沼

沉沒成本不可能收回，我們應該如何面對，理性就顯得特別重要。既然無法收回，我們只能放棄，或是忽略不計。如果對沉沒成本過於眷戀，就會延續原來的錯誤，造成更大的損失。

例如：你買進一支股票，想要狠賺一筆，但是幾年以後，不僅沒有上漲，反而下跌一半（而且呈現下跌趨勢），下跌的部分就會成為沉沒成本。這個時候，理性的做法是盡快賣出，防止損失擴大。下跌的成本既然已經沉沒，只能立刻放棄，可是一般人無法做到，最後賠得血本無歸。

有些人對自己的工作不滿意，想要做出改變，可是考慮到自己在原有的工作上投入的資源，如果重新選擇，之前的投入就會一文不值，所以只好作罷，繼續在原來的漩渦裡掙扎。有些人的婚姻不幸福，卻未必選擇離婚，因為他們覺得自己青春不再，加上對未來預期非常渺茫，只能繼續忍受痛苦……

·墨·菲·定·律·

所謂「沉沒成本的陷阱」，就是拒絕割肉止損，不願意接受這樣的悲慘事實，也就是說：無論等待多長時間，先前投資也是無法回收。沉迷賭博的人經常有這種做法：越是輸得一塌糊塗，越是要繼續賭下去。因為已經輸了很多錢（成本沉沒了），所以要設法贏回來。然而，賭場不會同情這些人，繼續賭下去的結果只會越輸越多，直至傾家蕩產。這個時候，理性的做法是立刻停止，絕對不能繼續賭下去。

因為沉沒成本會成為陷阱，一些不懷好意的人會利用它設下圈套，讓我們的成本逐漸走向沉沒，等到無法自拔的時候，已經不自覺地上當受騙。例如：賭場經常先讓你贏，然後再讓你輸；傳銷公司先書出一個大餅，讓你花費鉅款購買無用物品，等到發現成本已經沉沒，想要急於撈回，只能去誘惑別人。沉沒成本不僅對社會中的成員造成困擾，有時候一些社會團體也會掉進沉沒成本的陷阱。

避開沉沒成本的陷阱不是一件難事，有以下幾個步驟：

首先，準確界定做事的條件。第一次決定的內容和第二次決定的內容沒有直接關係，第一次決定產生的結果才是第二次決定的必要條件。

其次，做事的時候要有足夠的理性，尤其是巨大的交易，一定要非常謹慎，必須充分瞭解對方，簽訂規範的合約，建立完善的合作程序。由於雙方資訊的不對稱，我們有上當受騙的可能，如果發現自己上當受騙，應該立刻停止合作，以避免更大損失。

在沉沒成本面前，必須隨時保持清醒，不要計較太多，就像覆水難收，過去的就讓它過去！不要為打翻的牛奶哭泣，向前看，不要回頭，才是正確的做法。

前景堪憂之時，要忍痛「割肉」

決策投資的時候，如果沒有一〇〇%勝算的把握，及時放棄是明智的選擇。如果沒有及時放棄，就會越陷越深，甚至血本無歸！

舉一個簡單的例子：

假設你買進一支股票，股價下跌，你又在這個價位買進（股票投資者稱此為「攤平」），可是股價又下跌……你再次買進的用意是減少損失，可是卻越陷越深！

沉沒成本和機會成本對決策產生這樣微妙的作用，原因在於：機會成本不是現實的成本，沉沒成本是現實的成本，讓人有一種割肉的痛楚。成本沉沒在水中，確實令人感到可惜，但是傷心懊悔於事無補，不如及時放棄，創造更多的價值。

投資的時候應該注意：如果發現是一項錯誤的投資，就要立刻放棄，不可以因為考慮沉沒成本，錯上加錯。

事實上，為了追回沉沒成本而繼續投資，最後導致巨大損失的事件比比皆是，摩托羅拉公司的「銥星計畫」就是沉沒成本謬誤的典型例子：公司為這個計畫投入許多成本，後來發現這個計畫沒有當初想像的那樣樂觀，可是公司的決策者認為已經在這個計畫上投入許多成本，不能半途而廢，所以苦苦支撐。後來，事實證明這個計畫沒有前景，公司只能忍痛接受這個事實，徹底結束「銥星計畫」，並且為此損失許多財力和物力。

墨菲定律

進退兩難之際，應該放手的時候要放手

選擇放棄很痛苦，但是不放棄會更痛苦。應該放手的時候，一定要放手。

在日常生活中，有許多陷入進退兩難困境的投資：投資過半，市場卻急轉直下，是繼續投資還是決然退出，總是讓決策者左右為難。實際上，一個理性的經濟人在做出決策的時候，經常會涉及沉沒成本和機會成本。然而現實中，由於決策者思維的錯位，將這兩種成本互相混淆，反而做出不利的選擇。

其實，只要敢於放棄，有膽量和勇氣經歷失敗，對不可追求的事物及時放手，就可以走出投資的困境。

在一次關於生活藝術的演講中，教授拿起一個裝著水的杯子，問台下的聽眾：「猜猜看，這個杯子有多重？」

「五十克」、「一百克」、「一百二十五克」……聽眾紛紛回答。

「我不知道有多重，但是可以確定，拿著它不會覺得累。」教授說，「現在，我的問題是：如果我拿著杯子幾分鐘，結果會怎麼樣？」

「不會怎麼樣。」許多人回答。

「如果像這樣拿著，持續一個小時，又會怎麼樣？」教授再次發問。

「手臂會有一些酸痛。」一個聽眾回答。

「說得對。如果這樣拿著一整天？」

「手臂會變得麻木，肌肉會痙攣，有可能要到醫院檢查。」另一個聽眾說。

「我拿著杯子，無論時間長短，杯子的重量會發生變化嗎？」

「不會。」

「拿杯子的手臂為什麼會酸痛？肌肉為什麼會痙攣？」教授又問，「我不想讓手臂酸痛、肌肉痙攣，應該怎麼做？」

「很簡單，你應該把杯子放下。」一個聽眾回答。

「答對了。」教授說，「有時候，生活中的問題就像我手中的杯子，放在心裡幾分鐘沒有關係，如果一直想著它們，它們會侵蝕我們的精神，日積月累，我們的精神會瀕臨崩潰。那個時候，我們什麼事情也做不成。」

教授這番話的另一層含義是：如果你的成本正在逐漸增加，越來越感到吃力，應該及時放棄，不要拖垮自己的身體。

這個故事告訴我們：做事不能瞻前顧後，應該出手的時候要出手，應該放手的時候要放手，否則就會鑄成大錯，悔之晚矣。

今天的放棄，是為了明天的得到

在印度的熱帶叢林中，人們經常用一種奇特的方法捕捉猴子：在一個固定的木盒中，裝上猴子最喜歡吃的食物，盒子上打開一個缺口，可以讓猴子的手伸進去，猴子如果抓住食物，手就會抽不出來。人們經常用這種方法捉到猴子，因為猴子有一種習性，不會放下已經到手的東西。

我們總是嘲笑猴子不願意放下食物的愚蠢做法，但是審視我們自己，也許會發現，不是只有猴子才會犯這樣的錯誤。

許多神乎其神的成功故事，經常讓我們充滿激情。於是，在眾多的誘惑面前，我們忘記理性的分析和選擇，執著於反覆的挑戰和嘗試。殊不知，放棄是一種智慧。學會放棄，也就是學會爭取。

面對問題的時候，需要的是理智和冷靜，少一些焦慮和浮躁。許多經驗和教訓告訴我們：不斷地進行理性的放棄，才可以獲得持久的成功。無法理性地放棄，會導致最終的失敗。我們不可能得到所有事物，所以應該學會放棄。

比爾・蓋茲曾經說：「人生是一場大火，我們唯一可以做的，就是從這場大火中搶救一些東西。」有幾個人可以有如此睿智的思維？人類的欲望無限，很少有人在過去取得的成績上，放棄曾經擁有的鮮花和掌聲。在人生的旅途上，背負過去的成績和失敗的陰影會讓自己疲累不堪。只有懂得選擇和放棄的人，才可以擁有一個輕鬆愉快的旅程。

梅花因為放棄安逸和舒適，才可以得到笑傲霜雪的豔麗；大地因為放棄絢麗斑斕的黃昏，才可以迎來旭日東升的曙光；漁夫因為放棄安全的港灣，才可以收穫滿船的魚蝦。成功者不會計較一時的得失，知道什麼時候放棄，以及如何放棄。他們也知道：今天的放棄，是為了明天的得到！

有時候，放棄比爭取更有意義，放棄會讓自己擁有更多。如果努力爭取的東西與目標無關，或是目前擁有的東西已經成為負擔，不如及時放棄。放棄原本不應該屬於我們的東西，就會發現我們已經擁有許多東西。

—第十二章—

蝴蝶效應：小蝴蝶可以引發大風暴

一九七二年，美國氣象學家愛德華•羅倫茲在華盛頓的美國科學促進會上發表一篇演說，大意為：一隻亞馬遜河流域熱帶雨林中的蝴蝶，偶爾扇動幾下翅膀，兩個星期以後，可能在美國德州引起一場龍捲風。因為蝴蝶翅膀的扇動，導致其身邊的空氣發生變化，引起微弱氣流的產生；微弱氣流的產生，又會引起周圍空氣或是其他系統產生相應的變化，由此產生連鎖反應，最終導致天氣系統的巨大變化，「蝴蝶效應」由此而來。

「蝴蝶效應」說明，初始條件非常微小的變化經過不斷放大，對其未來的狀態會造成巨大的差別。有些事情可以糊塗，有些事情如果經過放大，對團體和國家而言非常重要，就不能糊塗。

小錯可能擴散成大禍

橫掃城鎮的龍捲風，經常從蝴蝶扇動翅膀開始；橫過深谷的吊橋，經常從用細線拴住石頭開始。事物彼此之間都有聯繫，注意小事，不要讓細節成為自己的絆腳石；關注細節，讓這些偶然的機會成為幫助自己成功的機會。

如今，「蝴蝶效應」被廣泛應用在天氣和股票市場等一定時間內難以預測的複雜系統中。在金融和貿易全球化的今天，世界各國經濟都存在千絲萬縷的聯繫，處於一個相互關聯的複雜系統中。一個微小的初始事件，很有可能引起系統性的災難。

「蝴蝶效應」也會作用於企業或是個人。在現代企業管理中，必須特別注意「蝴蝶效應」。一個企業的發展是複雜的，受到許多因素的影響，可以視為一個複雜的系統。注意每個微小事件的影響，消除不利的因素，避免它們對企業的未來產生惡劣的衝擊；強化有利的因素，使它們對企業的未來產生重要的推動作用。

經濟週期：蝴蝶的翅膀如何扇起颶風？

經濟生活中，很多事情的發生和「蝴蝶效應」發生作用的原理極為相似：一件微不足道的事情，可能會釀成一場世界性的經濟危機。

經濟總是上下波動，在經濟學家看來是相當正常的，不必大驚小怪，因為可以驗證經濟的週期性。

經濟的週期性波動稱為「經濟週期」，是指整體經濟活動的擴張和收縮交替反覆出現的過程。每個經濟週期可以分為上升和下降兩個階段。經濟週期也是指以實際國民生產總值衡量的經濟活動程度擴張與收縮交替的現象，具體表現為經濟擴張因為受到資源供給約束或是消費約束，進而出現經濟收縮，經濟收縮又因為資源供給充裕或是消費需求拉動而重新進入經濟擴張，周而復始，不斷循環。

一般情況下，一個完整的經濟週期可以分為四個階段：復甦—繁榮—衰退—蕭條。其中，經濟的復甦和繁榮階段構成經濟週期中的擴張期，經濟的衰退和蕭條階段構成經濟週期中的收縮期。在經濟週期的上升階段，也就是繁榮階段，最高點稱為頂峰。然後物極必反，頂峰也是經濟由盛轉衰的轉捩點，此後經濟進入下降階段，也就是衰退階段。衰退嚴重，經濟進入蕭條階段，蕭條階段的最低點稱為谷底。谷底也是經濟由衰轉盛的轉捩點，此後經濟進入上升階段。經濟從一個頂峰到另一個頂峰，或是從一個谷底到另一個谷底，就是一次完整的經濟週期。

經濟週期有長短之分，一般而言，有以下幾種經濟週期的學說：

庫茲涅茲週期，是一種長週期。一九三〇年，美國經濟學家庫茲涅茲提出一種為期十五～二十五年，平均長度為二十年的經濟週期。由於這個週期主要是以建築業的繁榮和衰落這個週期性波動現象為象徵加以劃分，所以也稱為「建築週期」。

朱格拉週期，是一種中週期。一八六二年，法國經濟學家克里門特·朱格拉在《論德國、英國、美國的經濟危機以及發生週期》一書中，首次提出自由經濟存在九～十年的週期波動。這種中等長度的經濟週期，被稱為「朱格拉週期」，也稱為「朱格拉」中週期。

基欽週期，是一種短週期，又稱為「短波理論」。一九二三年，美國經濟學家約瑟夫·基欽從廠商生產過多的時候就會形成存貨，進而減少生產的現象出發，在《經濟因素中的週期與傾向》一書中，把這種二～四年的短期調整稱為「存貨」週期，人們也稱之為「基欽週期」。

康德拉季耶夫週期，是一種長週期。一九二六年，俄國經濟學家康德拉季耶夫提出一種為期五十～

六十年的經濟週期。這個週期理論認為，從十八世紀末期以後，經歷三個長週期。第一個長週期，從一七八九年到一八四九年，上升部分為二十五年，下降部分為三十五年，總共六十年。第二個長週期，從一八四九年到一八九六年，上升部分為二十四年，下降部分為二十三年，總共四十七年。第三個長週期，從一八九六年開始，上升部分為二十四年，一九二〇年以後進入下降期。

作為自由經濟中的成員，必須瞭解和掌握經濟週期的波動，並且制定相應的對策來適應週期的波動，否則會在波動中失去生機。在自由經濟的條件下，企業家越來越多地關心經濟形勢，也就是經濟氣候的變化。

作為政府部門，認識經濟週期在自由經濟中的運行規律和特徵，有助於政府在制定擴張性或收縮性的經濟政策以及進行政策轉換的時候，增強預見性，避免滯後性。

經濟週期的概念，容易給人們一個錯覺，認為既然是週期，就會像元素週期表一樣準確無誤，是可以預測的。**其實不然，我們應該瞭解，經濟週期只是一種現象的描述，事實上不管是哪種理論，只是對經濟波動的一種解釋**。因為影響經濟波動的因素是極其複雜的，所謂世事如棋，就是這個道理。我們可以預測一年四季二十四節氣的準確時間，但是無法預測一年四季各個節氣可能發生的風雲變化。影響經濟波動的因素，就像天空中變化的風雲，每次都是不同的，因此經濟波動是沒有規律的，幾乎無法準確地預測。否則，我們就可以減少衰退，實現經濟的長期穩定發展。

·墨·菲·定·律·

現實生活中，人們普遍認為經濟波動具有破壞作用，進而忽略其積極影響。其實，在自由經濟中，經濟波動可以推動公司改革，加快技術改造，提高管理效率。禍兮，福之所倚，老子的話是對的。

四兩撥千斤，捕捉引發資訊風暴的蝴蝶

「蝴蝶效應」揭示的道理，在企業管理和行銷活動中同樣存在。之前，人們一直認為，行銷者的程度越高，越要抓大放小，把精力放在重要的事情上，不要做繁瑣的雜務，以有效利用時間。然而，「蝴蝶效應」告訴我們：小變化可能會引起大變化。以市場行銷而言，如果可以合理利用「蝴蝶效應」，經常可以產生四兩撥千斤的作用。

行銷界名人熊興平在《蝴蝶效應與市場行銷——尋找引發銷售風暴的那隻蝴蝶》中曾經指出：想要引起一場銷售的龍捲風，關鍵是尋找到在臨界點附近那隻扇動翅膀的蝴蝶。

第一，讓產品成為蝴蝶。利用消費者購買行為的非線性，逐漸累積比競爭對手領先一%的優勢（微弱優勢），在正回饋的自我增加機制作用下，到達終點的時候就會領先一〇〇%，最終打敗勢均力敵的對

手。

第二，讓消費者成為蝴蝶。利用口碑行銷的病毒式傳播原理，找到一位消費者意見領袖（例如：種植大戶、科技示範戶），讓他成為引發產品銷售龍捲風的那隻蝴蝶。

第三，讓經銷商成為蝴蝶。對經銷商採取表揚與批評交替結合的方法，透過獎懲激勵，逐步把經銷商引入混沌理論的蝴蝶模型中，最後讓經銷商引發風暴。

第四，讓員工成為蝴蝶。員工在不同的條件下會產生天壤之別的銷售業績，如果加以引導和激勵，企業會呈現積極向上的競爭氣氛，員工也可能成為銷售競賽中的那些蝴蝶。

第五，讓企業成為蝴蝶。企業行銷戰略是既定戰略（領導者制定、自上而下）與隨機戰略（市場引導、自下而上）結合的混沌戰略，企業可以進入混沌模型中而成為那隻蝴蝶。如果回饋不當，企業可能在一夜之間轟然倒閉；反之，企業可能成為一夜之間崛起的黑馬。

所以，行銷中要充分抓住可以引發銷售風暴的那隻蝴蝶，擴大行銷聲勢，讓產品飛進千家萬戶，實現利潤的最大化。

魔鬼在細節，天下大事必做於細

人與人之間的差別，經常表現在一些細小的事情上，並且因為這些細小的事情，決定不同的人有不同的命運。

一九六一年四月十二日，蘇聯太空人加加林乘坐四．七五噸重的「東方一號」太空船，進入太空遨遊八十九分鐘，成為世界上第一位進入太空的太空人。他為什麼可以從二十多個太空人之中脫穎而出？原來，在確定人選之前一個星期，太空船的設計師科羅廖夫發現，在進入太空船以前，只有加加林脫下鞋子，穿著襪子進入座艙。

就是這個細小的舉動，立刻贏得科羅廖夫的好感，他覺得這個二十七歲的青年如此珍惜他為之傾注心血的太空船，於是決定讓加加林執行人類首次太空飛行的神聖任務。

墨菲定律

加加林透過這件不經意的小事，表現珍惜別人工作成果的修養和素質，使自己成為遨遊太空的第一人。

小事可以決定成敗，雖然不是任何一件小事都可以決定成敗，但是如果忽略它們，它們就會成為我們失敗的最大禍根。如果養成不重視小事的習慣，發生在身邊的小事就會決定我們的成敗。

老子曾經說：「天下難事，必作於易；天下大事，必作於細。」這句話精闢地指出：想要成就事業，必須從簡單的事情做起，從細微之處入手。與此類似，二十世紀偉大的建築師之一——密斯・凡德羅，被要求用一句話來描述自己成功的原因，只說五個字：「魔鬼在細節。」他反覆地強調，如果沒有確實掌握細節，無論設計方案如何恢宏大氣，也無法稱為成功的作品。可見，對細節的作用和重要性的認識，古已有之，中外共見。所謂「一花一世界，一葉一如來」，生活的一切都是由細節構成，如果歸於有序，決定成敗的就是這些細節，細節的競爭才是最終和最高層面的競爭。

「泰山不讓土壤，故能成其大；河海不擇細流，故能就其深。」所以，大禮不辭小讓，細節決定成敗。想要做大事的人很多，但是願意把小事做好的人很少。我們不缺少雄韜偉略的戰略家，缺少的是精益求精的執行者；我們不缺少管理規章制度，缺少的是確實執行規章制度。我們必須改變心浮氣躁、淺嘗輒止的毛病，提倡重視細節、把小事做好。

一第十三章一

多米諾骨牌效應：千萬不要敗在第一步

多米諾骨牌是一種非常有趣的遊戲，用木頭、骨頭、塑膠製成長方形骨牌，進行遊戲的時候，將骨牌按照一定間距排列成行。只要推倒第一張骨牌，其他的骨牌就會在第一張倒下的骨牌帶動下產生連鎖反應，依次倒下。

多米諾骨牌效應，是指在一個相互聯繫的系統中，一個微小的初始能量可能產生許多連鎖反應。它告訴我們：如果忽視一個微小的破壞性力量，這種破壞性的力量在隨著相互傳遞的時候，產生的慣性力會導致一個比一個更快速的倒塌，如果沒有及時改正，就會造成事情惡化的結果。因此，無論做什麼事情，在開始階段都要非常謹慎，不要一著不慎，滿盤皆輸。

一張骨牌可以推倒三百四十萬張骨牌

一著不慎，滿盤皆輸，剛開始的失誤，會使整個計畫受到影響，步步受挫，造成惡性循環。因此，無論做什麼事情，都要非常謹慎，千萬不要敗在第一步。

從推倒第一張骨牌開始，依次傳遞，結果成功推倒三百四十萬張骨牌，這就是多米諾骨牌遊戲中推倒骨牌數量的世界紀錄。從拍攝的影片可以看出，骨牌依次倒下的場面蔚為壯觀，其中顯示的圖案豐富多彩，令人嘆為觀止。

多米諾骨牌蘊含一定的科學道理，其原理是：第一張骨牌豎著的時候，重心比較高，倒下的時候重心下降，其重力位能轉化為動能，倒在第二張骨牌上，動能轉移到第二張骨牌上，第二張骨牌將第一張骨牌轉移過來的動能和自己具有的重力位能轉化而來的動能之和，轉移到第三張骨牌上。所以，每張骨牌倒下的時候，具有的動能比前一張骨牌大，因此它們的速度一個比一個快。也就是說，它們依次推倒的能量一個比一個大。這樣一來，就會產生「多米諾骨牌效應」。

「多米諾骨牌效應」產生的能量十分巨大，它告訴我們：在一個相互聯繫的系統中，一個微小的初始能量可能產生許多連鎖反應，進而產生巨大的能量。

在生活中，經常可以發現「多米諾骨牌效應」。例如：在家門前的道路兩旁擺滿鮮花，可是有一天，一個路過的女孩順手摘下一朵。逐漸地，摘花的人越來越多，甚至有人把花盆搬走……

早晨上班時間，路口人流如織，等紅燈的人們焦急地看著紅綠燈，有一個性情急躁的年輕人，開始穿越馬路。在這種情況下，如果交通警察沒有制止他，其他人也會穿越馬路，視紅燈如無物。

在乾淨整潔的廣場上，不好意思隨手丟棄菸蒂。如果是一地汙物，滿階塵土，就會毫不猶豫地將菸蒂彈出，任其跌落。

誰是金融危機的罪魁禍首？

「多米諾骨牌效應」顯示，一個微小的力量可以引起的或許是無法察覺的變化，但是引發的可能是翻天覆地的變化。

第一棵樹的砍伐，可能導致森林的消失；一日的荒廢，可能是一生荒廢的開始；第一場戰爭的出現，可能是使世界文明化為灰燼的力量。

二〇〇八年席捲全球的金融危機，給世界各國帶來一次金融海嘯。其中，「多米諾骨牌效應」的作用顯露無遺。

這場來自於美國次級房屋借貸危機的金融海嘯，波及已開發國家幾乎所有的金融產品、金融機構、金融市場，這些國家以及許多發展中國家的經濟陷入衰退。這場導致全球經濟下滑的金融危機，始作俑者是金融機構，毫無節制的信用貸款增長和資產價格泡沫急劇膨脹是危機爆發的直接原因。

細看這個過程，應該從二〇〇一年「九・一一」事件開始。當時，美國聯邦準備理事會為了刺激經濟，連續降息，低利率加上流動性過剩，直接推動房地產價格過高，導致房屋貸款需求增加。由於優質抵押市場已經趨於飽和，發放次級抵押機構開始轉向一般客戶，次級抵押貸款市場因此迅速發展，房屋價格和房屋信用泡沫逐漸變大，直至美國房屋供應市場迅速飽和。美國貨幣政策發生變動以後，利率上調，房價下跌，原本信用等級低的借款人無力償還，抵押貸款公司手中的房屋抵押品難以出手，不足以彌補虧空，資金鏈條由此斷裂。抵押貸款市場的危機，直接影響衍生的房屋貸款支持證券和債券以及債務擔保證券（CDO），繼而發生CDO大幅貶值，信用衍生商品市場發生動盪。

然後，發行衍生商品和管理衍生商品的公司股價開始下跌，又引發投資者對金融業公司的憂慮，危機進一步向金融市場傳導，造成全世界的股價震盪。「多米諾骨牌效應」日趨明顯，不僅對美國的經濟予以致命打擊，同時也對其他國家的經濟產生惡劣影響。就這樣，次級房屋借貸危機借助「多米諾骨牌效應」，不斷地推倒骨牌，其破壞力量越來越大，最終演變為肆虐全球的金融風暴。

「多米諾骨牌效應」啟示我們：對於一些災難性的事件，必須保持警惕，洞察其爆發的徵兆，及時採取相關防禦性措施，風暴來襲的時候，就不會猝不及防，可以將損失減少到最低限度。

投資敗在起步，東山難以再起

在這個充滿競爭、快速發展的時代，任何企業無法長久地抱持永遠鼎盛的期待。一個明智的創業者，必須思考中止事業的時候面臨的風險，在這個基礎上，輕裝上陣。

相關的調查資料告訴我們：讓事業永遠沿著一個方向持續下去，是一個不折不扣的幻想。如果可以預測經濟衰退或是危機什麼時候到來，就可以及時撤退，進而避免「多米諾骨牌效應」的發生。

美國麥金利諮詢公司調查顯示，從二十世紀二〇年代至三〇年代，全球五百大企業的平均壽命是六十五年，到了一九六〇年變成三十年，到了一九九〇年縮短至十五年，到了二〇一〇年變成十年。所以，沒有做好撤退的準備就開始創業，是一件非常冒險的事情。

雖然及時撤退對於確保整體利潤非常重要，但是人們很少提起它。大概是因為現實中，人們更關注成功而避諱失敗。以往經過核算證實獲利的企業，經過清算以後反而有巨額赤字，帳冊上登記的資產不值錢。例如：辦公家具和辦公用具被算作資產，到了清算的時候，這些東西賣不出去。這個時候，它們已經不再是資產，而是笨重的垃圾，還要付垃圾清理費。

其實，在關閉公司的時候，各種費用更是昂貴。在這段期間，首先必須付給員工遣散費，與會計和律師交涉的時候，也要付給他們豐厚的酬勞。在這種情況下，損失可能會無限制地擴大。

因此，創業的時候一定要謹慎，做好每個階段的投資預算和成本控制，步步為營，穩紮穩打，只有起步階段走得穩健，才可以走得順利。

具體來說，盡可能地做到零庫存，堅持預先付款、現金回收的原則，不要有拖欠的帳款；減少雇用正式員工，多使用兼職人員；堅持不簽長期租約、不借錢的原則。

在創業的過程中，客戶可能希望你有庫存，也可能提出延長付款時間的要求。如果答應客戶的要求，會讓自己的事業承擔許多風險。有些經營者抱持「沒有風險就沒有利潤」的想法，認為必須增加庫存，可是如果所得利潤不足以維持庫存，企業的運轉就會崩潰。

迄今為止，人們認為堅持是良好的品格，而且中途結束事業會使自己對客戶心懷歉意。可是，即使是像證券公司這樣的企業倒閉以後，也沒有多少客戶會因此煩惱。

事實上，與其說中途結束事業會承擔許多風險，不如說不預測結束時間以及不採取相應對策才是最危險的。如果撤退的壁壘已經被升高，想要撤退也無法撤退，不僅是事業的壽命，公司的壽命也會走到終點。

所以，創業的時候一定要謹慎，千萬不要敗在起步期，那樣一來，無法東山再起。

不留後患，第一次就把事情做對

「多米諾骨牌效應」說明：做事的時候，如果第一步出錯，就會影響第二步、第三步……導致最後錯誤的結果，使所有的努力付諸流水。

為了防止這樣的事情發生，最好的方法是「第一次就把事情做對」，避免以後修改或是重做的麻煩，也可以防止時間的浪費。

「第一次就把事情做對」，是一種盡心盡力的工作習慣，是一種精益求精的工作態度。許多人做事的時候，不求精益求精，只求得過且過，儘管從表現上看來，他們也很努力，結果卻是無法令人滿意。

有一位廣告經理曾經犯過一個錯誤：由於完成工作的時間緊迫，沒有仔細審核廣告公司回傳的樣稿，在發表的廣告中弄錯一個電話號碼——業務部的電話號碼被打錯了。

就是這個微小的錯誤，給公司帶來許多麻煩和損失——公司的廣告必須重新修改，而且引起客戶的不滿。

我們經常可以聽到一句話——「我很忙。」在以上的案例中，那位廣告經理花費許多時間來改正錯誤，使其他工作必須加班來完成。與此同時，也讓主管和同事花費許多時間。如果不是因為許多因素使他發現這個錯誤，造成的損失就會繼續擴大。

第一次沒有把事情做對，就會浪費許多時間。第二次把事情做對了，但是從時間上說，毫無效率可言，而且有時候，沒有第二次機會。

由此可見，第一次沒有把事情做對，花費時間來改正錯誤，很容易出現更多錯誤，不僅會造成惡性循環，也會損失人力和物力。

在行為準則的貫徹執行上，「第一次就把事情做對」是一個值得重視的理念。如果這件事情具有意義，現在也具備把它做對的條件，為什麼不把它做對？只有持續地把事情做對，才可以達到「第一次就把事情做對」的境界。

想要「第一次就把事情做對」，至少應該記住一點：在做事之前，即使是一件小事，也要認真思考，除了已經想到要做的事情之外，還有什麼事情是相關的？有什麼可能的情況出現？對這些情況有什麼對策？

努力養成「第一次就把事情做對」的工作習慣。「第一次就把事情做對」，是一句令人心生感觸的話，值得每個人終生銘記！

完美的計畫，是完美做事的開始

下棋的時候，關鍵性的一步走得不對，就會輸掉這個棋局。做事的時候，對某個問題處理不當，就會導致全域的失敗。這就是「多米諾骨牌效應」揭示的要旨。

想要避免「多米諾骨牌效應」，一個重要的方法是：事先擬定計畫。計畫是所有工作的起點，如果沒有計畫，就像大樓沒有堅固的根基。雖然計畫趕不上變化，但是有計畫，工作才可以有條不紊。

古今中外，所有的成功者都有強烈的計畫觀念。一個善於利用計畫的人，必定善於對事務進行計畫，工作、學習、運動、娛樂、吃飯、睡覺的時間，都是經過周密安排。一個做事沒有計畫的人，必定是一個浪費時間的人。

有效設定目標和制定計畫，有助於我們改掉做事缺乏效率的習慣，制定計畫可以提高自己做事的成功機率。

一位名叫約翰・戈達德的美國人，十五歲的時候，把自己想要完成的事情列出一張清單，稱為「生命清單」。在這張排列有序的清單中，他為自己制定一百二十七個目標，例如：探索尼羅河、攀登喜馬拉雅山、讀完莎士比亞的著作、寫一本書……在四十四年以後，他以超人的毅力和非凡的勇氣，終於按照計畫，實現一百零六個目標，成為一位很有成就的電影製作人、作家、演說家。

成功學專家的研究結果顯示，制定計畫可以提高目標實現的成功機率：制定計畫者的成功機率，是不制定計畫者的三・五倍；在成功實現目標的人群中，事先制定計畫的人高達七八%，事先沒有制定計畫的人僅為二二%。

除了制定計畫以外，堅持計畫也是最終成功的關鍵要素。根據調查結果顯示：堅持計畫的人比改變計畫的人成功機率更高。具體來說，前者的成功機率是後者成功機率的五倍；堅持計畫的人，實現目標的成功機率為八四%；改變計畫的人，實現目標的成功機率為十六%。

一般來說，做事沒有計畫可能有很多原因，主要原因是：第一，無法看到計畫的重要性；第二，做事的目標不明確；第三，進取心不足或是懶惰；第四，沒有掌握制定計畫的方法。

古人云：「凡事豫則立，不豫則廢。」一個周密的計畫，可以在現有環境的基礎上對未來的工作和發展做出安排和調整，最後順利地達成目標。

墨菲定律

美國企業家理查・史洛馬在《無謬管理》一書中指出：「對於一個方案，寧願延誤其計畫的時間，以確保日後執行的成功，切勿在毫無適切的輪廓之前，草率地開始執行，最終導致失去這個方案的目標。」

維克托・米爾克是一家現代化食品公司的技術總監，他的工作直接或間接地受到公司五千個員工中三千多人的影響，因此總是忙得不可開交。在一次時間管理的會議上，他談到對工作和時間的看法：

「現在我不再加班工作，每個星期工作五十～五十五個小時的日子，已經一去不復返。按照保守的說法，我每天完成與過去同樣的工作以後，還可以節省一個小時。我使用的最重要方法是：制定每天的工作計畫。我根據每件事情的重要性，安排工作順序。首先完成第一件事情，然後再進行第二件事情。過去不是這樣，我會把重要的事情延至有空的時候做。我沒有察覺到，次要的事情竟然佔用我的全部時間。現在，我把次要的事情放在最後處理，即使這些事情無法完成，我也不會擔憂，我感到非常滿意。同時，我可以準時下班，不會感到任何不安。」

有效合理的計畫，可以幫助我們理解工作的目標和要求，使團隊可以自覺地按照計畫進行合作。計畫可以提高生產效率，並且增強人們的滿意度。

設定自己的目標，有計畫地做事，可以提高工作效率，快速實現目標。計畫是成功的開始，想要有效地達成目標，就要養成制定計畫、按照計畫做事的習慣。

一第十四章一

犬獒效應：在困境與競爭中崛起

年幼的藏犬長出牙齒並且可以撕咬的時候，主人會把牠們放到一個沒有食物和水的封閉環境中，讓這些幼犬自相撕咬，最後剩下一隻活著的犬，這隻犬稱為獒。據說，十隻犬才可以產生一隻獒，這種現象被稱為「犬獒效應」。「犬獒效應」告訴我們：競爭是造就強者的學校。只有在困境和競爭的環境中，才可以磨礪出真正的強者；只有成為強者，才可以在競爭中殺出重圍，立於不敗之地。

競爭是重燃鬥志、推進成功的催化劑

美國比斯高公司的行政主管唐納·肯杜爾認為，在生意上遇到強勁而精明的競爭對手，是用錢買不到的「好事」。他說：「很多人苟且偷生，毫無競爭之志，最後白頭以終。對於這種人，我只會感到悲哀。自從做生意以來，我一直很感激生意上的競爭對手。這些人有些比我強，有些比我差，無論其能力如何，他們讓我跑得更累，但是也跑得更快。腳踏實地地競爭，可以保障一個企業的生存。」在他看來，競爭是重燃鬥志、推進成功的真正力量。

在比斯高公司，接班人無論男女，都會被要求過著競爭性的生活，不能滿足於與對手平起平坐，不能滿足於產品品質和生產設備不輸別人，而是要超過對手。無法做到這一點，這個接班人就是不合格的。在比斯高公司的公司文化中，競爭是最核心的內容。**他們有一個信念：超過對手是獲得成功和幸福的唯一途徑。**正是在這種文化的薰陶下，比斯高公司的員工受到更多競爭力的訓練，生產線不斷擴大，成為同類企業中的佼佼者。

自由經濟是天然的競爭經濟，在自由經濟的條件下，競爭才會有效率，競爭才會有效益。沒有競爭，事業就會缺乏生機與活力。為了保證自己可以在激烈的競爭中生存下來，許多企業在企業中營造內部競爭的機制，以保證員工都是最優秀的。

美國奇異公司的前身是愛迪生公司，至今已經超過一百二十年。這個長壽企業的經營秘訣中，最重要的是：對子公司首席執行長實行卓越管理者制度。前總裁威爾許公開宣稱，無法在市場維持前兩名的企業，就會面臨拍賣或是裁撤的命運。隨著企業的拍賣或裁撤，原來的企業經營者就會被解除職務。

面對市場日益激烈的競爭，企業如果安於現狀，就會沒有出路。只有增強競爭意識，主動迎接挑戰，才是企業生存發展之道。贏得消費者，就可以生存；失去消費者，就會被淘汰。企業為了生存發展，必須深化改革，建立競爭激勵機制，進而提高生產經營的效率，獲得良好的效益。

臨危必須不懼，逃避只會更糟

有一塊石頭擋住道路，一個農夫經過此地，馬車上載滿穀物。他看到這塊石頭的時候，自言自語地說：「是誰這麼粗心大意？為什麼這些懶人不把這塊石頭移走？」他一邊說著，一邊把馬車轉向，繞過石頭。

過了一會兒，一位年輕的勇士唱著歌走近了，他沒有看到這塊石頭，差點被石頭絆倒。他氣憤地舉起劍，指責路人的懶惰，跨過石頭離開了。後來，很多人從這條路上經過，但是他們沒有移走這塊石頭，即使有些人被石頭絆倒了。

一天晚上，一個貧窮的年輕人從這裡經過，看到路上有一塊石頭，自言自語地說：「天這麼黑，如果有人經過這裡，會被這塊石頭絆倒，我要把它移走。」

這塊石頭很大，搬起來非常困難，他花費很長時間才把它移走。移走石頭之後，下面有一個盒子，上面寫著一句話：「送給那個移走石頭的人。」

年輕人打開盒子，裡面裝滿了黃金。

面對困難的時候，如果沒有主動出擊，只是採取迴避的態度，就會給自己造成重大損失。只有迅速採取行動，勇敢承擔責任，才可以減少損失。我們經常會遇到許多障礙，如果選擇繞過，就會失去成功的機會，逃避的代價只是失望。

這個故事也告誡企業管理者：只有以不斷進取的態度去面對現實，才可以在面對困難的時候從容應對。

·墨·菲·定·律·

迎難而上，才可以迎難而解

鴕鳥和雄鷹是自然界中的兩個家族，因為素來不和，雖然是鄰居也不往來。有一天，鴿子給牠們帶來口信，有敵人來侵犯牠們的領地，要牠們提前做好準備，但是敵人是誰，鴿子沒有告訴牠們。

接到消息以後，兩個家族的成員忙碌起來，堅固城堡、準備糧食。可是過沒幾天，鴿子又給牠們帶來口信，牠們的敵人要和牠們在森林前方的沙漠地帶展開決戰。

接到挑戰以後，雄鷹家族的成員摩拳擦掌，想要與敵人決鬥個你死我活。鴕鳥家族的成員在鄰居的面前，也不甘示弱。決戰的時候到了，兩個家族列隊站在同一側，等待敵人的到來，只見迎面不知是什麼生物，黑壓壓的一片，向牠們撲來。

鷹族的成員主動出擊，撲向敵人，鴕鳥們卻把頭埋在沙子裡。不知過了多久，鷹族凱旋的時候，看見鴕鳥們把頭埋在沙子裡，有一隻大鷹說：「敵人已經被我們擊退，你們還不把頭抬起來？」

聽到這句話，鴕鳥們把頭從沙子裡抬起來，紛紛說：「好險啊！幸虧我們把頭埋起來，否則豈不是要大禍臨頭！」

鷹族聽到這樣的話，更瞧不起鴕鳥。後來，鴕鳥又遇到敵人，仍然採取同樣的方法。這次沒有那麼幸運，沒有鷹族的幫助，把頭埋在沙子裡的鴕鳥大敗而歸。

「鴕鳥心態」是一種逃避現實的心理，也是一種不敢面對問題的懦弱行為。有鴕鳥心態的人，不敢面對現實，不敢承擔責任，平時大言不慚，遇到困難的時候畏縮不前。

處於劇烈變革的商業時代，競爭的程度已經超出以前，經常會面臨許多風險和挑戰。作為企業管理者，應該以正確的心態面對風險和挑戰，才可以在危機中開拓生路，為企業贏得良好的發展機會。

危機降臨，主動出擊是最好的防禦

在競爭日益激烈的環境下，可以掌握控制權，就可以掌握主動權。所以，危機來臨的時候，必須做出迅速的反應。「主動出擊是最好的防禦」，在一般情況下，這個原則總是適用的。

百事可樂與可口可樂爭搶碳酸飲料市場的霸主地位，但是在激烈競爭的過程中，一次突發事件使百事可樂陷入危機，這就是「針頭事件」。

威廉斯太太在超級市場買了兩罐百事可樂，可是喝完以後，無意中將罐筒倒扣於桌上，竟然從裡面掉出一枚針頭。威廉斯太太立刻將此事告知媒體，形勢對百事可樂極為不利。百事可樂公司得到「針頭事件」的消息，立刻採取行動：一方面，透過媒體向威廉斯太太道歉，並且給予威廉斯太太安慰和補償，也透過媒體向消費者宣布：如果在百事可樂中再發現類似問題，給予獎勵。另一方面，公司在生產線上加強檢查，並且邀請威廉斯太太參觀。

這些及時的措施，不僅消除「針頭事件」的不良影響，贏得威廉斯太太的讚揚和信任，也在消費者的心中建立「勇於承認錯誤」的良好形象。對於百事可樂公司來說，這是一次突如其來的打擊和考驗，因為這個事件如果沒有妥善處理，就會直接影響到公司的信譽以及市場佔有率。

最後，百事可樂公司因禍得福，可樂的銷量不僅沒有下降，反而使購買可樂的消費者增加。

可見，在企業和個人發展上，變「危」為「機」是一種不可或缺的能力，只有具備這種能力，才不會將自己置於危險之中。危機來臨的時候，必須做出一些未曾嘗試的事情，以期奇蹟出現。

臨危不懼，帶領員工共度難關

在危機面前，領導者應該承擔自己的責任，做到處變不驚、鎮定自若。這樣一來，就要求領導者必須做到：在別人安逸的情況下，自己要寢食不安，準備應付隨時可能到來的危險；在紛繁複雜、茫無頭緒的境地中，冷靜穩重，應付裕如；面臨生死存亡的重大危機，勇敢堅毅，果斷決策，帶領員工走出困境。

領導者無法察覺到危險嗎？不是。領導者沒有喜怒哀樂嗎？不是。這是一種逐漸培養而形成的心理素質，這種素質的背後是頑強的意志和自制。面臨重大的危機，形勢極為嚴峻，這個時候舉措失當，也是人之常情，但是領導者必須做到信心百倍、面不改色，對最終成功有絕對把握。**這是一種表演，也是一種頑強的自制，更是一種使命感和責任感。**

任務越是艱鉅，情況越是複雜，危機越是嚴重，領導者越是要以滿腔的熱情、高度的自信、頑強的品格、堅定的力量投入工作。人們需要激勵，需要督促，需要精神上的支柱，在困難和危險面前尤其如此。

領導者要為自己的員工提供他們需要的幫助，沒有這種幫助，他們就會失去勝利的信心。只有領導者心理上的必勝信念，才可以穩定員工的情緒，以獲得實際上的真正勝利。臨危不懼、處變不驚，這種心理素質的巨大力量，是難以估量的。

對於領導者來說，勇敢堅毅、沉著冷靜，經常可以產生意想不到的結果。

一第十五章一

溫水煮青蛙效應：居安思危，危機變契機

十九世紀末期，美國康乃爾大學進行一個有趣的實驗：實驗者把一隻青蛙扔進一個沸騰的鍋子裡，青蛙接觸到沸水，立刻觸電般地跳到鍋外，死裡逃生。實驗者又把這隻青蛙丟進一個裝滿涼水的鍋子裡，任其自由游動，然後用小火慢慢加熱。隨著溫度逐漸升高，青蛙沒有跳出鍋中，而是被活活煮死。

實際上，這隻青蛙是死於缺乏危機意識的麻木之中，這就是「溫水煮青蛙效應」的由來，這個效應提示人們要懂得居安思危。

將危機扼殺在萌芽階段

實驗中的青蛙第一次可以逃離險境，是因為受到沸水的劇烈刺激，於是使出全部的力量跳出來。第二次雖然可以感覺到外界溫度的變化，但是因為惰性沒有立刻往外跳，最後失去逃生能力被煮死。這隻青蛙失去警惕，沒有危機意識，感覺到危機的時候，已經無法從水裡逃出來。

「溫水煮青蛙效應」說明危機意識的重要性。在生活中，與此類似的故事不在少數：

把一隻小老虎與幾隻小貓放在一起，主人很難分辨出來，仍然像往日一樣餵食牠們。隨著時間的推移，小老虎逐漸長大，具有老虎的樣貌特徵。但是主人已經習慣把老虎當作貓餵養，沒有察覺到潛在的危險。有一天，老虎露出野性，吃掉小貓，而且對主人發起攻擊。這個時候，主人終於發現，原來是一隻老虎，卻悔之晚矣。

古代神醫扁鵲的故事，世人皆知。扁鵲為病人看病，疾病表現在皮膚氣色上的時候，他已經觀察出來，但是病人以為只是小病，沒有立刻醫治；過了幾天，疾病已經進入病人的肌骨，扁鵲勸說醫治，病人還是不聽。直到疾病進入腑臟，病人行將就木，急忙召喚扁鵲，可是已經來不及。

「諱疾忌醫」的故事，正好說明一個問題：不是危機發生以後再啟動應變措施，而是要善於發現問題，提前將危機扼殺在萌芽階段，防患於未然。

「溫水煮青蛙效應」告訴我們：在人生旅途中，安逸的環境會消磨我們的意志，使我們耽於安樂，盡享舒適，最後一事無成。懂得「生於憂患，死於安樂」道理的人，可以發現隱藏在社會發展和變化中的機會，在變化中建立競爭和危機意識，迎接新生活中不確定因素的挑戰。

隨時保持警惕，化危機為契機

「蛙未死於沸水而滅頂於溫水」的結局，非常耐人尋味。如果鍋中之蛙可以隨時保持警惕，在水溫剛熱之時迅速躍出，也為時不晚，不至於導致被煮死的結局。

我們如果失去危機意識，就會像被水煮的青蛙一樣，在麻木中「死亡」。所以，在人生旅途中，必須保持清醒的頭腦和敏銳的知覺，對變化做出快速的反應，不要貪圖享受，安於現狀，否則感覺到環境已經使自己必須有所行動的時候，就會發現：自己已經錯過行動的最佳時機，等待自己的只是悲哀和遺憾，以及無法估計的損失。

每個人都希望自己可以一帆風順，不希望自己遇到危機。但是客觀上說，危機不是可怕的魔鬼，它出現在我們面前的時候，可以激發潛伏在自己生命深處的各種能力，並且促使我們以非凡的意志，完成許多困難的事情。所以，與其在平庸中渾渾噩噩地生活，不如勇敢地承受外界的壓力，過著更有創造力的生活。

拿破崙在談到手下的將軍馬塞納的時候曾經說：「平時，他的真面目不會顯現出來，可是他在戰場上看到遍地的傷兵和屍體的時候，潛伏在他體內的『獅性』就會在瞬間爆發，打起仗來就會勇敢得像惡魔一樣。」

以拿破崙為例，如果他年輕的時候，沒有經歷窘迫而絕望的生活，不可能造就多謀剛毅的性格，也不會成為至今被人們景仰的英雄。貧窮低微的出身、艱難困頓的生活、失望悲慘的境遇，不僅造就拿破崙，也造就許多偉人。例如：林肯如果出生在一個富人的家裡，順理成章地接受大學教育，也許不會成為美國總統，也不會成為歷史上的偉人。

正是有那種與困境進行鬥爭的經歷，使他們的潛能可以完全爆發，進而發現自己的真正力量。那些生活在安逸舒適中的人，不需要付出努力，不需要付出汗水，就可以達到目的，潛伏在他們身上的能量就會被遺忘。

許多人把自己的成功歸功於某種障礙和缺陷帶來的困境，如果沒有障礙和缺陷的刺激，他們只能發揮自己二〇％的才華，因為有這種強烈的刺激，他們才可以發揮另外八〇％的才華。

在不斷變幻、迷霧重重的危機叢林中，我們要懂得居安思危。危機不代表滅亡，反而可能是一種契機。我們要認真思考，尋找一切可行的方法和途徑，將危機化為契機，邁向成功的坦途。透過與危機的搏鬥，就會發現自己真正的價值，激發深藏內心的巨大力量，進而使人生更精彩。

憂患常存，在危機意識中前進

我們都知道，未來是不可預測的。正是因為這樣，我們就要有危機意識，在心理上和行為上有所準備，以應付突如其來的變化。擁有這種意識，或許無法解決問題，但是可以減少損失，為自己打開生路。

一個國家如果沒有危機意識，就會出現問題；一個企業如果沒有危機意識，就會面臨倒閉；一個人如果沒有危機意識，就會停滯不前。

我們應該如何在競爭激烈的環境中提升自己的危機意識？看看波音公司的一個有趣做法：

波音公司以飛機製造聞名於世，為了提升員工的危機意識，公司錄製一部模擬倒閉的影片，讓員工觀看。

在一個天空灰暗的日子，公司掛著「工廠出售」的招牌，擴音器傳來「今天是波音公司時代的終結，波音公司關閉最後一家工廠」的通知，所有員工垂頭喪氣地離開工廠……

這部影片使員工受到巨大震撼，強烈的危機感使員工察覺到：只有全心投入生產和創新中，公司才可以生存，否則今天的模擬倒閉會成為明天無法避免的事實。

看完模擬影片，所有員工以主角的姿態，努力工作，不斷創新，使波音公司保持強大的發展力。

事實上，波音公司的這種做法，不僅對企業有深刻啟示，對於行走職場的我們來說，也有一定的借鑑作用。

現實生活中，我們應該像波音公司的員工那樣，隨時提醒自己：只有全心投入生產和創新中，公司才可以生存，自己才有機會發展，否則今天意識中的倒閉會成為明天無法避免的事實。

不僅在職場，放眼整個人生，沒有危機意識就是最大的危機。不要有一勞永逸的期待，隨時保持危機意識，告訴自己：自己不夠優秀，在什麼時候都會被淘汰。

未雨綢繆，將危機的風險降到最低

危機，可以詮釋為「一件事情的好轉與惡化的分水嶺」，也可以闡釋為「生死存亡的關頭」和「關鍵的剎那」，可能好轉，可能惡化。由此可知，「危機」是在一段不穩定的時間，以及不安定的狀況下，急迫需要做出決定性而有效的措施。

達爾文說：「適者生存，不適者淘汰。」用危機處理的角度來思考，「適者」是可以解決危機而繼續生存的主體；「不適者」是無法解決危機而被淘汰的主體。

一隻母雞發現自己孵化的蛋裡，有一顆蛋的外觀與其他的蛋明顯不同。母雞心想：可能是天生的！過了幾天，牠的孩子們開始破殼而出。那顆外觀不同的蛋孵出的孩子，和其他孩子長相懸殊。母雞心想：可能牠比較難看！日子一天一天過去，孩子們慢慢長大了，那隻與眾不同的雞也露出本來面目：那是一隻老鷹。但是已經來不及，母雞和牠的孩子們已經被這隻老鷹吃掉了。

一隻敏捷的鹿不幸被獵人發現，雖然逃脫死亡的噩運，但是被箭射瞎一隻眼睛。有一天，牠小心翼翼地來到海邊，一邊低頭吃草，一邊用那隻好的眼睛看著陸地，防備獵人的攻擊，然後用瞎的那隻眼睛看著大海，牠認為那邊不會發生危險。不料，有人乘船從海上經過這裡，看見這隻鹿，一箭把牠射倒。牠快要斷氣的時候，自言自語地說：「我真是不幸，防範陸地那邊，另一邊卻給我帶來災難。」

以上兩個故事告訴我們：不要對潛在的危機視而不見，更不要縱容危機！

在這個競爭激烈的時代，所有事物都是瞬息萬變，任何企業無法保證自己可以立於不敗之地，居安思危、未雨綢繆，才是高明之舉。

未雨綢繆是人們經常掛在嘴邊的一句話，但是可以做到的人不多。人類天生有一種惰性，不到迫不得已，不會改變現行的各種做法，這些做法可以讓自己得到滿足的時候，更是如此。但是，如果一個企業失去必要的刺激，處於安逸的工作環境中而不自知，就會失去工作活力，等到危機來臨的時候，已經來不及了。「溫水煮青蛙效應」告訴我們的，正是如此。

每個企業在經營管理的過程中，都會面臨許多危機。無論危機是來自企業內部或是來自企業外部，都會給企業帶來致命的打擊。

因此，對於企業的管理者來說，不能掉以輕心，必須居安思危、未雨綢繆、加以防範，加強危機管理，預防企業潛在的危機。因為，預防和避免潛在危機的發生，是企業危機管理成本最低、風險最小的方法，也是企業最明智的選擇。

居安思危，變危機為良機

危機是大多數企業管理者不願意見到的，但是任何企業不可能一直處於太平盛世，危機來臨的時候，管理者就要居危思進，變危機為良機。

所謂「居危」，就是看到市場競爭的激烈性和殘酷性，增強自己的緊迫感和危機感；所謂「思進」，就是主動出擊，變危機為良機，變危機為商機。

一是要有與時俱進的意識：建立與時俱進的行銷觀、發展觀、管理觀、改革觀，創新思維，創新管理，創新技術，創新工作方法，調整工作重點，開創新的局面。**二是要有知難而進的勇氣**：發揚敢於吃苦、敢於奮鬥、敢於勝利的精神，「明知山有虎，偏向虎山行」，以積極的主角姿態，為企業分憂解難，把蘊藏的智慧在生產經營中充分發揮出來。**三是要有居危思進的策略**：企業面臨生存的危機，何去何從，主動權應該在自己手中，最重要的是如何面對挑戰，化危機為生機。**四是要有攜手前進的精神**：越是困難的時候，越要團結合作，只要眾志成城，沒有無法解決的問題。

「思進」重在變危機為良機，變危機為商機。**一是要善於化解危機**：任何企業都會受到危機的影響，要在危機發生的時候，積極維護消費者的利益，才可以減少自己的損失。**二是要減少市場損失**：產品出現危機的時候，市場會受到一些衝擊，企業必須減少市場的損失。**三是要促進產品更新**：產品出現危機或是受到限制，表示產品存在缺點。企業要在重視改善產品缺點的同時，促進產品更新。**四是要善於發現和掌握商機**：一些產品出現危機的時候，也是為其他產品提供機會，企業要善於發現和掌握這些商機。

總之，企業面對危機的時候，必須積極主動，保持信心，把危機當作學習的機會，就可以從中吸取教訓，變危機為良機。

心學堂 05

·墨·菲·定·律·

作者　陳立之
美術構成　騾賴耙工作室
封面設計　斐類設計工作室
發行人　羅清維
企劃執行　張緯倫、林義傑
責任行政　陳淑貞

企劃出版　海鷹文化
出版登記　行政院新聞局局版北市業字第780號
發行部　台北市信義區林口街54-4號1樓
電話　02-2727-3008
傳真　02-2727-0603
E-mail　seadove.book@msa.hinet.net

總經銷　知遠文化事業有限公司
地址　新北市深坑區北深路三段155巷25號5樓
電話　02-2664-8800
傳真　02-2664-8801
網址　www.booknews.com.tw

香港總經銷　和平圖書有限公司
地址　香港柴灣嘉業街12號百樂門大廈17樓
電話　（852）2804-6687
傳真　（852）2804-6409

CVS總代理　美璟文化有限公司
電話　02-2723-9968
E-mail　net@uth.com.tw

出版日期　2020年12月01日　一版一刷
　　　　　2024年06月05日　一版十二刷
定價　300元
郵政劃撥　18989626　戶名：海鴿文化出版圖書有限公司

國家圖書館出版品預行編目（CIP）資料

墨菲定律：為什麼會出錯的事情總會出錯？ ／ 陳立之作.
-- 一版. -- 臺北市 ： 海鴿文化，2020.11
面 ； 公分. --（心學堂；5）
ISBN 978-986-392-330-5（平裝）

1. 心理學

170.1　　　　109013401

SeaEagle

SeaEagle

SeaEagle

SeaEagle